现代日语教学理论与实践模式研究

徐婷婷　著

中国书籍出版社
China Book Press

图书在版编目（CIP）数据

现代日语教学理论与实践模式研究 / 徐婷婷著 . --

北京：中国书籍出版社，2022.8

ISBN 978-7-5068-9128-8

Ⅰ . ①现… Ⅱ . ①徐… Ⅲ . ①日语—教学研究 Ⅳ .

① H369.3

中国版本图书馆 CIP 数据核字（2022）第 155038 号

现代日语教学理论与实践模式研究

徐婷婷　著

责任编辑	李国永
装帧设计	李文文
责任印制	孙马飞　马　芝
出版发行	中国书籍出版社
地　　址	北京市丰台区三路居路 97 号（邮编：100073）
电　　话	（010）52257143（总编室）　（010）52257140（发行部）
电子邮箱	eo@chinabp. com. cn
经　　销	全国新华书店
印　　刷	天津和萱印刷有限公司
开　　本	710 毫米 ×1000 毫米　1/16
字　　数	200 千字
印　　张	10.75
版　　次	2023 年 3 月第 1 版
印　　次	2023 年 3 月第 1 次印刷
书　　号	ISBN 978-7-5068-9128-8
定　　价	78.00 元

前　言

日语在我国被称为外语中的"小语种"，日语的学习人数与英语的学习人数相比，所占比例较小。然而，中日两国是邻邦，有着两千多年悠久的交往历史，其间不乏动人故事。自从 1972 年邦交正常化以来，中日友好合作关系取得了全面发展。2000 年以来，中日两国间的交流进一步深化，友好互惠、共同发展是两国人民的共同愿望。因此，提高我国的日语教学水平、培养高素质的日语人才有利于促进两国人民间的友好交流和相互理解，使中日关系不断健康发展。

随着中日两国目前政治、经济、贸易等各间的领域交流日益频繁，加强日语教学，培养高素质的日语人才就显得十分重要。本书结合当前日语教学现状进行相应地分析，运用现代日语教学理论进行研究，在此基础上提出日语教学的措施与建议。

全书共分为五章。第一章为现代日语教学的开展情况，分别介绍了现代日语教学的现状、现代日语教学的意义。第二章为现代日语教学的理论分析，从认知语言学和社会语言学两个基本理论出发，分析现代日语教学存在的相关问题。第三章为现代日语教学的内容，外语教学目标分为"听说读写"，日语也不例外，本章详细介绍了日语教学中的听说教学、读写教学和翻译教学的内容，并分析相应的教学要素。第四章为日语教学质量提升的实践路径，从教学原则、教学方法与教学资源三个方面对教学质量的提升提出建议。最后一章为现代日语教学中的跨文化教育，文化是语言教育的核心内容，跨文化教育在现代日语教学中的重要性不言而喻，本章首先概括介绍了日本的文化和文化与日语教学的关系，然后又详细介绍了跨文化交际的基本知识，最后分析了日语教学与跨文化交际的融合问题。

在撰写本书的过程中，作者得到了许多专家学者的帮助和指导，参考了大量的学术文献，在此表示真诚的感谢。本书内容安排争取系统全面，论述尽量做到条理清晰、深入浅出，但由于作者水平有限，书中难免会有疏漏之处，希望广大同行及读者指正。

作者

2022 年 1 月

目　录

第一章　现代日语教学的开展情况 ……………………………………… 1

　　第一节　现代日语教学的现状 ………………………………………… 1

　　第二节　现代日语教学的意义 ………………………………………… 4

第二章　现代日语教学的理论分析 ……………………………………… 7

　　第一节　认知语言学理论与日语教学 ………………………………… 7

　　第二节　社会语言学理论与日语教学 ………………………………… 23

第三章　现代日语教学的实施内容 ……………………………………… 26

　　第一节　现代日语听说教学的实施 …………………………………… 26

　　第二节　现代日语读写教学的实施 …………………………………… 38

　　第三节　现代日语翻译教学的实施 …………………………………… 47

第四章　日语教学质量提升的实践路径 ………………………………… 55

　　第一节　现代日语教学的教学原则 …………………………………… 55

　　第二节　现代日语教学的教学方法 …………………………………… 71

　　第三节　现代日语教学资源的运用 …………………………………… 96

第五章　现代日语教学中的跨文化教育 ·· 103

　第一节　日本文化与日语教学 ··· 103

　第二节　跨文化交际基本知识 ··· 135

　第三节　日语教学与跨文化交际的融合 ·· 153

参考文献 ··· 163

第一章 现代日语教学的开展情况

随着全球化的发展，我国和包括日本在内的世界各国的交流日益频繁。近年，留日学生的规模逐渐壮大，我国的日语教学逐渐发展起来。本章简单介绍了日语教学开展情况，包括现代日语教学的现状和现代日语教学的意义。

第一节 现代日语教学的现状

目前很多高校的日语教学，由于教学体系不完整，师资力量薄弱，教学模式单一，导致学生日语基础较弱，日语水平不高。本节通过分析我国高校日语教学的现状，寻找优化日语教学的对策，发挥日语教学的作用，逐渐提高我国高校的日语教学质量。

随着对日本贸易增多，日语成为我国对日交流的重要工具，为了促进我国相关人才的日语水平，推动两国间友谊和贸易更快发展，我国的大多数高等院校都设置了日语专业，这对我国学生的日语水平的提高提供了很大的帮助。但是由于现实原因，日语在国际上不属于主要语种，使用的频率也比较低，所以日语并没有发展成为我国对外交流的主要工具。因此在教学上，日语的教学方法并没有什么创新，采用的仍是传统的方法，教师本身也没有创新的意识，从而导致日语的教学体系不完整，日语的教学目的也没有很好地达成。

一、日语教学存在的问题

当前，中日间的合作十分频繁，日语逐渐成为我国外语专业中的人文学科，为了顺应时代发展潮流，很多高校都设立了日语专业，有些学校对日语教学也进行了一系列的改革，并取得了一定成果，但仍有很多问题存在。

（一）教学方式陈旧

目前的日语教学，相当一部分高校仍然采用传统的教学模式。在传统教学模式中，教师是教学的中心，教材是唯一的知识传授的工具和途径，日语教师课堂多依赖教材，甚至出现了照着教材念的教学现象。同时，教师给学生留作业也大多是背诵课文或者抄写课文这种最简单原始的形式。学生没有其他渠道学习日语，只能根据教师的要求死记硬背，以提高自己的卷面成绩。但是语言教学的最终目的并不是落实在卷面上的分数，而是培养能用日语进行交流的人才，而这种传统的教学方式使得教学课堂枯燥乏味，学生对日语的兴趣大打折扣，失去了学习的主动性。从高校就业方面来看，很多日语专业毕业的学生都面临就业的压力，甚至出现有的学生转行业就业，这是学校教学方式落后，学生语言能力欠缺所导致的。

（二）缺少良好的教学资源

随着我国经济的不断发展，对外交流越来越频繁，越来越需要更多的外语专业人员。因此教育部更加重视对复合型外语人才的培养。日语专业虽然在我国的高校早有设立，但是配套的教材却并没有跟上时代变化进行更新，并且设计的品类和内容也很单一。在一些特殊的地区比如东北地区学生虽然在中学阶段就已经学习日语的基础知识了，并且高考也是用日语代替英语的，可以说基础知识十分牢靠，但是这些学生进入大学后也还要再进行基础知识的学习，重复教育浪费了时间和资源。教材设置也有一定的问题，缺乏主次顺序，重点知识也不突出。

在日语专业课程安排上，大多数日语专业的专业课课时并不充足，学生对知识的掌握有所缺乏，语言能力得不到提高，更不用说实际的应用能力和语言交际能力。虽然日语在外语科目上越来越重要，但是由于日语属于小语种，学校并不像重视英语那样重视日语，教学资源比较缺乏，学生的学习态度自然也就没有摆正。在日语教学改革中，由于教师承担着繁重的教学任务，没有更多精力去进行教学改革。

（三）师资力量薄弱

市场经济进入我国以来，语言专业的人才需求大增，对于日语专业人才也受到了日企或者一些市场单位的喜爱，这些企业的待遇整体来说不错，能够吸引更多日语专业学生的目光。反观我国的高等院校的日语专业教师，由于日语教学体系不完整，很多年轻的日语教师外出交流和深造的机会不多，所以在招聘市场上很多高校招聘日语教师没有竞争优势，致使投身高校任教日语专业的人才不够。另外，由于日语专业在高校没有受到重视，有的学校甚至将日语课程放到了和选修课同等的地位，日语教师在比较缺乏的情况下还要担任更多的教学任务。日语教师面对繁重的教学任务，没有时间进行教学改革，机械化的教学方式也让更多的学生失去了学习日语任务的兴趣，这导致了学生的日语水平无法提高。

二、日语教学的优化

（一）不断完善日语教学体系

在日语教学体系中，学生的综合实践能力是教学的重点。因为当前的市场和企业需求的是全面发展的实践型人才，所以将学生的综合实践能力培养放到首位可以提高学生的就业率。为了跟上时代和市场的发展和需求，日语的教学体系需要进行改革。可以根据当下流行的教学模式进行科学效仿和改革。当然传统教学模式中的优良部分要保留，要学习借鉴新型的教学模式形成自己的新的教学体系。

（二）不断提高教师的整体素质

高校要重视对日语教师的培训，提高日语教师的教学水平，让更多的教师有机会深造和学习，全面提高教师的教学素养。

日语教师也要将日语教学改革重视起来，要认识到自己在改革中的重要地位，不断尝试用新的方法引导学生的日常学习，在课堂上用新型的教学模式激发学生的学习兴趣，营造良好的课堂气氛，让学生自觉投入到学习中去。在教学细节方面，教师要尽量用日语和学生进行交流，减少用汉语沟通的机会，培养学生的日语思维习惯。

教师在进行教学改革的同时也要注重自身专业知识和职业素养的培育，不断增强自己的教学能力。教师可以养成关注时事热点新闻的习惯，寻找学生感兴趣的话题，以便拓展学生的课外知识。教师之间也要互相学习交流，不断提高自己的教学水平。

（三）营造语言环境

语言环境对于语言学习是十分重要的外在条件，良好的语言环境可以推动学生语言水平的提高。因此在高校的日语教学中，学校和教师要注意为学生营造良好的日语学习环境。首先，教师要对学生进行日本文化的传递，当学生对日本文化了解深入后，创造日语环境就有了基础。日语教学要涉及日本文化的方方面面，要从学生的兴趣和爱好出发进行教学内容的筛选。日语思维能力是学习日语的重要基础，教师要让学生养成用日语思维来分析和解决问题的好习惯。在平时可以让学生观看欣赏一些优秀的日语电影和视频。

第二节　现代日语教学的意义

一、日语教学的地位

我国与日本虽然有两千年的交往历史，但正式的日语教育起于清末。从 19 世纪 70 年代开始，两国政府及民间的交流不断增加强，日语教育应运而生。从 20 世纪 20 年代初开始，研究日本的书籍、杂志不断涌现，20 世纪 30 年代更是达到了高潮，出版了大量研究日本、日语的书籍、杂志，同时，很多留日归来的学者也编写、出版了大量日语教材。1937 年到 1945 年间，日语教育几乎销声匿迹。1949 年中华人民共和国成立以后，到 1972 年中日邦交正常化之前只有少数外国语院校开设日语课程。

我国基础教育阶段的日语教学是 1972 年中日邦交正常化以后才兴起的。1978 年改革开放后，中国对外交往逐渐频繁，中日关系发展较快。然而由于对日语教学没有统一要求，高考制度恢复后试题范围和难度失控，自发开设的日语教学规模缩小。1982 年教育部颁布《中学日语教学纲要》，用以稳定和规范日语教学，约束高考命题工作。根据《中学日语教学纲要》编写的全国通用初、高中日语教科书也相继问世，日语教学从此走上正轨。这个纲要颁布之后，日语正式列为我国中学开设外语课程的语种之一。

我国高校日语专业设置在 90 年代末随着高校的扩招也进入了增长期。在办学条件方面，各种日语相关的图书资源和多媒体资源进入高校，选修课也有所增加。在师资方面，教师队伍结构更加合理。进入 21 世纪，随着市场需求的变化，日语的培养模式也更加多样化，比如"经贸日语""科技日语""旅游日语""法学日语"等出现，日语语言文学更加丰富。在这个阶段，日语再次成为高校设置的热门专业，据资料显示，2008 年，全国就有 26 所高校的日语专业申请并得到了教育部的批准，在全国的高校新增热门专业中，日语排名第七位。我国的日语学科建设在世界上也是名列前茅的，学科建设非常全面，不仅包括系统的语言教学，还包括文学、文化和经济、政治等方面的教学，新时代的日语教学培养了大量的专家学者和人才，为我国的对日交流做出了很大的贡献。同时专业性的日语教学也不断涌现，比如说理工科的专业性日语等。日语的高等教育层次完善，从专科到研究生层次发展良好，但是也出现了教学质量的参差不齐的问题。

日语的使用范围虽然很小，只有日本一个国家在使用，但是其使用范围内还是十分广泛的。日本作为发达国家，它的国内生产总值排世界第三，在经济上的影响力比较大，日语的使用人口规模在世界语种中排名第六，整体的影响力还是比较大的。

中日两国在地理位置上和历史交往上带有特殊性，因此在民族感情和冲突上也十分复杂，日本虽然和我国的文化同出一脉，但是本身也存在很大的差异性。这些历史和情感的原因导致日语虽然属于小语种，但是在我国的外语教育中占有特殊的地位，在我国的外语高等教育中比较早诞生。在经济上，日本在 20 世纪六七十年代经济飞速成长，跻身发达国家的行列，在经济贸易中带给我国一些影响，因此我国的日语专业需求也越来越大，从而推动了其发展。

日语虽然属于比较热门的外语专业，但是和英语相比仍然存在很大的差距，可以说是既热门又冷门，因此仍属于小语种。日语在中国拥有大规模的学生，拥有很高的人气。在地理位置上，日本对我国造成经济的辐射影响，日本离我国很近，且经济发达，在我国投资很多，日资企业在我国的东部地区数量不少，因此日语专业的学生就业形势不错。当然这种情况带来的影响既有积极方面也有消极方面。

积极影响：在高校的外语学科中，日语专业的创收情况良好，日语的教师可以身兼数职，日语专业的毕业生也都有不错的就业去向。在 2012 年的非上海生源高校毕业生进沪就业评分中，日语专业属于上海重点发展学科。

消极影响：日语经济市场的冲击容易造成教师为了经济利益而忽略教学研究，学生为了在校期间获得更多的经济支持而荒废学业的现象发生。

另外，从日语语言文化出发，日语在中国人心中占据特殊地位。由于日语中的很多汉字来源于中国的古汉字，并且读音和意义也都和中文差不多，所以学习起来也有一种亲切感，入门难度比较低。

二、日语教学的意义

首先，在新中国成立的初期，百废待兴，国家需要大量的人才为全面复苏贡献自己，高校的日语教师就积极配合国家的教育政策，投身到我国的教育事业中，为我国培养了大量的人才，这些人才也积极投身到社会主义的建设事业中，为国家复兴贡献自己的力量。日语教师培养了大量的外事人才，也推动了中日友好关系的发展。日语教师能在艰苦的环境中不断克服困难，自己进行教学资料和教材的编撰，一点点将我国的日语教育体系建立起来，十分值得人们敬佩。

其次，在改革开放后，日语教师继续投身我国的日语人才培养中，先将瘫痪的教学恢复起来，之后不断地培养大量的日语人才，从而推动了外贸发展。大量的日语人才涌现成为经济建设发展的重要力量，尤其是参加了大平班的六百名日语教师重新参与到教学中后为我国的日语教育做出了巨大的贡献。

最后，21 世纪后，我国高校开始大面积扩招，学生数量的增加为教师的教学带来了巨大的压力，同时也激励日语教师在教学的同时进行学科教学研究，从而提高了日语教学水平，不断培养出大量的日语人才，这些毕业生投身到我国的对外开放事业中，既满足市场的需求，也促进了日本和我国的友好交往。

第二章 现代日语教学的理论分析

现代日语教学借鉴英语教学经验，在理念和方法上构建出一套符合日语语言特征的教学体系，但是在日语教学中仍然要积极结合最新的理论去改革教学中的弊端。认知语言学和社会语言学作为语言学的重要部分是日语教学改革的重要支持理论。

第一节 认知语言学理论与日语教学

一、认知语言学概述

（一）认知语言学的概念及发展

认知语言学研究的主要内容就是语言、交际和认知。语言和认知相互联系又相互促进，语言是认知的一部分，认知促进语言的教学。

认知语言学认为，学习语言的最终目的是满足交际功能。因此在语言方面的教学中要重视交际方面的内容设置，建立各种交际任务，在教学过程中，要让学生有更多参与语言交际的机会，让学生能够在学习语言基础的理论性知识的同时也能提高语言的交流能力。应用认知语言学进行外语语言教学，既可以完成基本的语言教学功能，也可以让学生加深对语言交际功能的认知，从而提高教学效果。认知语言学的教学理念有三点：第一，认知语言学教学的目标是构式习得。第二，在教学的过程中要将社交新的输入放在重要位置。第三，外语教学的教学活动要体现其体验性和交际性。

（二）认知语言学的特征

语言具有非自主性，这是认知语言学承认的观点。认知语言学认为，语言并不是独立各自发展的系统，是对于人们普遍认知的过程中的反映。语言也并非人类出现以后就有的，是人们在不断地发展过程中对过去的经验总结，是人们认知系统的反映。认知语言学中有一个重要的概念是隐喻，这和认知承诺相契合。反映在语言的教学上，就是认为学生会受到心理和认知的影响来学习语言。所以作为外语教师，也要对心理学和语言学等有所涉猎，利用心理学的知识影响学生的学习。学者刘光正认为，认知语言学所支持的语言的意义才是语言学习的核心所在，这种观点和我们之前的传统观点是相对的，刘光正认为人们学习语言的最终目的是沟通交流，能够对各种意义进行传达，而不是单单为了学习语法知识[①]。语法知识在外语教学中并不是最重要的，它只是起到辅助性的作用。语言学习的传递意义由两方面决定，一个是语句本身所具有的意思，另一个就是依靠语句当时所在的情境的客观属性。所以教师在外语教学中要重视意义的表达和传递。

二、认知语言学在日语教学中的应用

（一）认知语言学与日语词汇教学

词汇是语言交际工具的一种要素，它也是构成语言的三大要素之一。学生不掌握一定的词汇量，就难以掌握听、说、读、写言语实践交际能力。学习和掌握词汇的过程，是一个复杂的心理认知过程。如何帮助学生记忆单词、准确理解单词意义、把握单词概念等是词汇教学的关键，也是词汇教学中的难点和重点。以往的词汇教学方法多是采用的"词典义项法"，同一个单词会有不同的意思，教学会将这些不同的意思当作词典上的不同义项。一般教授单词的顺序就是按照单词在教材上出现的顺序。基于此，编写教材的专家会根据单词使用的义项的频次来编撰教材内容，一般高频义项会在前面，低频义项在后面出现。这样安排虽然考虑了使用情况，但是单词的每个义项其实都是有关联的，这种形式并没有将单词的义项联结成学习的网络，学生学习起来效率会降低，教师教起来也会显得知识点零散和孤立，不能形成系统的知识网络，也不利于学生学习和记忆。认知语言学就在这方面有一定优势，可以在原来传统教学的模式上进行革新，也为解释语言现象提供了理论依据，一般体现在两个方面：一个是可以将散乱无序的知识点按照一定的逻辑关系组织起来，促进学生对知识点的理解，降低学生的记忆负担，提高学生的记忆效率。另一个是这种理论依据也可以帮助学生更快地从大脑中提取需要的知识。

---

① 刘正光, 艾朝阳. 从认知语言学看外语教学的三个基本问题 [J]. 现代外语, 2016, 39（2）: 57 - 266+293.

关于认知语言学在日语词汇教学中的应用方面的研究方兴未艾。学者认为认知语言学原型范畴理论对日语的学习可以进行方法论指导，包括单词结构的分析和单词意义的记忆。这种理论学习可以帮助学生更好地理顺单词不同义项的关系，便于学生记忆单词，扩大词汇量。

有学者运用认知语言学中的范畴化、基本层次范畴、原型理论、图式、比喻等核心观点进行了探讨，主张让老师和学生都尝试运用认知的方法记忆日语单词，提高学习效率。不难发现上述的研究成果表明：运用认知语言学理论进行日语词汇教学，有助于单词学习与记忆，有助于理解单词各义项之间的关系。

对于上述的研究成果，作者认为可以从以下几个方面做进一步解释：（1）认知活动与记忆。词汇学习的本质活动其实就是记忆，要想取得良好的记忆效果需要加深词汇知识学习的广度、深度和运用的精确度以及自动化程度。（2）词汇与语义。每个单词和它本身的语义之间都存在一定的联系，学生要根据这种联系建立起自己的网络思维，要明白语言学习是一种动态的并相互联系的知识系统。（3）隐喻与一词多义。一词多义的现象可以用隐喻性映射来解释，这种映射能有效练习词汇的具体义项和抽象义项，让学生在记忆单词之前就先明白单词演变的机制，这样更能加深对单词的理解。（4）语义扩展与记忆。（5）图式与义项间的理解。可以让学生根据自己的知识储备和以往的经验或者百科知识等理清单词之间各个义项的关系，最终推动单词的记忆和掌握。

例如，针对形容词的日语教学设计，作者认为首先进行词典语义中的原型意义与其延伸意义的认知与构建，其次借助语料库实现对词语更多的搭配特征、语义倾向与语义韵的认知与构建，最后进一步在真实文本语境中理解和运用各个义项的语义以及对其语义网络的认知与构建。

在具体的教学活动中，"词典—语料库—真实文本"的日语形容词教学设计模式可以分为以下三个步骤：（1）教师引导学生认知分析词典语义，帮助学生掌握原型核心义项，并以核心义项为基础，借助比喻认知机制构建其余衍生义项，完成多项语义网络的认知与构建。（2）教师引导学生认知语料库语义，帮助学生从词语搭配的视角进一步理解与掌握多个义项、词语搭配特征以及语义倾向与语义韵，完成语义网络再次完整地呈现，从而进行巩固。（3）教师引导学生认知真实文本语义，帮助学生从语境中理解和运用多个义项，完成语义网络的构建与丰富并进行扩展。

针对日语惯用语，文秋芳认为习语的广义概念包括惯用语、短语动词、成语、言语、俗语等等。认知语言学重新为习语教学开拓新的视角，其教学的重心在：

（1）通过全面介绍认知基础推动学生理解和学习习语。（2）让学生保持概念隐喻的意识，从而加强学生洞察内涵和创造运用习语的概念隐喻能力①。

在习语教学过程中，我们除对习语以概念隐喻为基础解析其语义外，还可以从句法及词汇的灵活性两个方面入手，为学生较系统地提供更多的实例及练习，从而更好地培养学生创造性地应用习语的能力。

（二）认知语言学与日语语法教学

目前，日语专业的教材尤其是本科阶段的教材出现一些问题，比如说语法内容编排得比较零散和机械。在教学上，教师一般只是简单地将各种语法的用法和相关的例句列举出来供学生参考记忆，学生在学习的时候找不到良好的方法，只能用死记硬背的笨办法进行记忆，这就造成学生只会背不会用，无法真正理解各种语法用法之间的联系，导致学生的学习积极性下降。

体验认知观认为语言各个层面的知识都和学生自身的经验有一定的相似性，语法知识教学的关键问题就是教师是否能够基于学生的本身经验培养出分析枯燥语法知识的能力，让学生也能够对语法学习产生兴趣。语法的学习本身就是外语学习不可缺少的基础部分，这一点从语言的本质、外语教学的特点就可以看出来，同时，语法的学习也可以培养学生的认知能力。在语法教学的过程中，语境因素十分关键，教学要将语法规则和交际原则充分协调，将语言形式和功能进行有机结合。

学生在学习语言时，一般都采用四种认知方法：分析、综合、嵌入和配对。所以，在教材进行编写的环节，就需要将学生的主观能动性考虑在内，在材料的安排、语法项目的选择以及讲解等方面充分考虑学生的认知能力的培养。

依据目前日语语法的教学现状，我们可以采用图式理论进行教学，专家认为认知语言学具有明显的优势，可以解释一些传统的教学理论解释不了的问题，在日语学习过程中，语法可以说是这项语言学习的难点和重点，如格助词的习得与辨析、助动词的意义辨析、原型理论与自他表达、句法结构与事项认知、语法化研究等。日语构词中有一种重要的手段就是语法化，这种语法理论可以帮助教师和学生更好地进行语法的教学和学习。

（三）认知语言学与日语敬语教学

要适应 21 世纪对日语人才的需求和激烈的就业竞争形势，培养学生的跨文

---

① 文秋芳. 认知语言学与二语教学 [M]. 北京：外语教学与研究出版社，2013：131.

化交际能力，而培养具有跨文化交际能力的人才关键在于培养其多元文化意识，有效能力、得体的交际能力。在外语教学中，教师要教会学生使用敬语，学生必须学会礼貌用语。敬语在日语中有着独特的重要地位，具有鲜明的语言文化个性。因此，日语敬语教学对培养具有国际视野的创新人才承载着重要的功能。

1. 中日敬语语言特征异同的认知

语言学近三四十年来有了长足的发展。对于汉日语中敬语的分类，不同的学者有不同的见解。有人认为敬语在汉语中分为三种类型：尊称、谦称和一般的交际用语，其中尊称又分为两种情况，一种是对对方的尊称或者对对方亲属的尊称，另一种是对对方的见解或者行为表示尊称。谦称也分为两种情况，一种是对自己或者自己亲属的谦称，另一种和尊称的形式类似，是对自己的意见和相关事物的谦称。一般交际用语有三种情况：第一种是用于见面的用语，第二种是求助用语，第三种是得助用语。当然，现代汉语不会仅仅依赖相关的词语来表示敬语，还包括一些固定的句型来表示尊敬或者谦虚的意思，我们最常用到的就是用动词"请"和"能""可以"构成兼语句，比如说"请 + 动词"是请求别人做什么事情或者请求别人允许自己做什么事情，是一种祈使语气。"能不能 / 可以 + 动词"是询问对方是否可以做什么或者允许自己做什么的疑问句。汉语中表示敬意的句型还有很多，例如"请……""请您……""请允许我……""请让我……""可不可以请（您）……"等，体现了汉语的得体性、谦恭性以及高雅性等。

而日语中有关敬语的分类也是经历了一个长期的认识过程，直至 2007 年 2 月日本政府文化审议会通过的《敬语指鍼》为敬语提出了新"五分法：尊他语、自谦语 A、自谦语 B、礼貌语、美化语"，敬语的种类划分才取得了共识。

中日敬语语言特征既有相同之处，又有各自的不同特点。其相同点为：两种语言都使用了敬语，有词汇方面的表达，也有句型方面的表达，还有相关的交际表达。但是又有明显的不同之处：两种语言的体系并不对称，汉语多用词汇来表达尊敬，日语多用词汇和语法两种方式来表达尊敬；在使用频率上，汉语敬语的使用频率比日语敬语低。由于语言体系自身的不同，形成了在语法表达上日语敬语的多样化以及汉语敬谦辞的相对单一化。

2. 中日敬语文化特征异同的认知

中日敬语文化虽有各自独特的体系和特点，但又有共同的特征。中日敬语文化特征的共同点主要体现在三个方面：使用的场合以及反映的人际关系方面、儒家思想的传播与传承方面、在经济贸易等合作交际中的功能方面。中日敬语文化特征方面的差异，主要体现在地理环境与社会结构的不同。在教学过程中要引导学生认知中日敬语文化特征的异同。

（1）中日敬语文化特征共同点的认知

第一，中日敬语文化在使用的场合以及反映的人际关系方面具有相同点。中日敬语文化的适用场合：说话双方是一种受惠的关系，比如说店员和客人，或者一方对另一方有祈求；说话双方的关系不对等，比如晚辈对长辈，下级对上级；一方给另一方带来麻烦，要给另一方进行道歉使用表谦敬语；处于一种礼节，在公开场合的演讲和东道主对来宾的言谈；陌生人之间的初次见面；在正式会议等正式场合的演讲中开场白使用敬语。

但是日本人待人"内外有别"，这不仅是正确使用敬语的关键，还是影响日语交际的重要文化因素。它决定和规范了日本人的思维、心理、语言方式及行为模式。在日本的敬语使用中，"内外有别"原则中的亲疏关系是决定着敬语是否使用的重要因素。

第二，中日敬语文化都体现了儒家思想的传播与传承。中华文化中的儒家文化是支撑其发展的主流文化，儒家文化以孔孟思想为代表，在中华民族的历史发展中起到了极其重要的作用。儒家文化注重自身的修养，强调意志的锻炼，讲究克制含蓄，具有的重要思想有"温、良、恭、俭、让"等；强调人格的重要性，讲究为人之道，具有的重要思想有"修己安人"；非常强调"礼"，要求人们要学会调节和他人的关系。在实际的人际交往中，儒家思想提倡的这些理念就会化为礼貌性用语运用在修辞当中，要用恰当的词语来进行交流，倡导谦恭虚己。谦词敬语是在儒家文化中成长起来的，在当时的文化环境，使用谦词敬语是合乎礼法和要求规范的，文人们更是将这种文化作为自己一生的规范要求。在古代的人称中，人们直接使用敬称表示敬意，用谦称表示恭敬，这样在与他人交际的时候会通过抬高对方，降低自己来消除对方交际的压力，让对方产生优越感，推动交际的达成效果。传统儒家文化中谦和好礼的内涵就是在这种谦敬语的表达中体现出来的。但是随着文化和社会的发展，汉语的谦敬语从 19 世纪末到 20 世纪初进入了萧条的使用期，人们不再那么注重谦敬语的使用，导致词汇量也在不断减少，甚至到 20 世纪中期前后，这种沿用了上千年的谦敬语词汇文化基本已经不再出现在人们的日常交际中，这种体系基本上已经瓦解。

日本作为和中国同源的文化国家，儒家的思想文化自然也对其交际产生了很大的影响，儒家文化的一些思想在日本进行融合发展形成了其独特的敬语文化，比如说儒家文化中的"礼"进入日本后逐渐形成了"贬己尊人"的意识，这种思想主要是通过敬语和谦语的文化形式，这和中国的敬谦语有异曲同工之妙，敬语就是抬高对方，谦语就是贬低自己。

敬语意识、敬语习惯在日本这一特定的社会背景下也有着根深蒂固的社会基础和土壤。日本人认为，是否能够正确使用敬语是衡量一个人的修养、品性、见识的基准。日本素有礼仪之邦的美誉，鞠躬行礼已成为日本民族的特征。但是社会总是在不断发展着的，文化也会随着社会的发展发生变化，日本在 1868 年明治维新之后进入了近代社会，传统的等级制度消失，人们身份上不再有封建的等级观念，因此敬语的使用频率就下降了，但是和中国不同的是，日本的登基社会并没有彻底废除，仍然有天皇的存在，所以整体来说日本比中国的敬语使用意识更强，并且经过不断地发展整合，现代日语的敬语体系更加完善和严谨。

由此可见，由于儒家思想的传播与传承，形成了中日传统文化的重要组成部分，即富有现代元素的敬语文化。

第三，中日敬语文化在经济贸易等合作交际中具有同样的功能，起着重要的作用。2016 年 9 月 27—28 日，第十二届北京—东京论坛在东京举办，这届论坛的主题为"面向世界及亚洲和平与发展的中日合作"，参加的中日代表近百名，双方进行了亲切友好的交流，提供了大量的建设性意见，最后发表了《东京共识》。其中日本众议院议员野田毅在演讲中提出了如何共同克服困难、加强两国人民交流的问题，提出了相互尊重的意见。中日两国都认识到当时阶段，两国的经济都处于调整期，中日两国的关系受到经济贸易往来的影响十分大，要加强双方的贸易交流和文化交流。也就是说敬语文化承载着重要的桥梁作用，在中日两国双方经贸合作中互为尊敬、互为尊重同等重要。文化和经济之间并不是相互独立的领域，而是相互影响相互推动的关系。

经济社会学家认为，文化是影响和制约经济发展的基础变量，在经济发展过程中具有重要作用。文化的本质功能在于"化人"。人一出生就在一定的文化环境中生活，自然而然地要接受某种文化的熏陶和塑造，这正是文化"化人"功能的体现。文化的"化人"过程包含着文化价值观的自然渗透。语言文化素质是民众素质的一个重要成分。如果具有较高的语言文化素质，就会有利于彼此间的交流、协作与沟通，从而提高效率，增进和谐，带来间接性的经济收益。中日敬语文化表现在我们的言谈举止方面，有语言表现形式和非语言表现形式。语言形式主要体现在敬语的使用上，通过尊他语和自谦语等表达方式表达相互的敬意、尊重以及经济贸易合作的诚意。非语言形式主要体现在名片的交换上，交换名片是商业交往的第一个标准动作。一般是地位较低或职位较低的人或是来访的人要先递出名片。如果对方来访的人多，应先与主人或者是里面地位较高的人交换名片。

交换名片时最好是站着有礼貌地递给对方，如果自己是坐着，对方走过来时，应站起来表示尊重，问候对方后再与对方交换名片。大量使用敬语和交换名片，为中日经济贸易合作营造了良好的尊重气氛。

总而言之，中日敬语文化受约于儒家思想，并为中日两国人民一代代地传承，有利于提高中日两国人民的语言文化素质与品位修养。中日敬语文化具有营造尊重气氛，友好交流沟通桥梁作用，有利于彼此间的交流、协作与沟通，进而提高效率，增进和谐，促进中日经济贸易合作的成功。

（2）中日敬语文化特征差异的认知

中日敬语文化特征的不同点主要体现在地理环境与社会结构的不同。中国的敬语文化源远流长，其形成与古代的政治制度、历史文化和民众的心理有很大的关系，受儒家文化的影响很大。中国的封建制度的运行长达 2400 年，这种社会制度下，我国发展的是自给自足的自然经济，家庭成为社会生活的重要单位，并在长期的发展中形成了家族制度，在家族制度的不断壮大下，社会政治制度形成了与之相似的体制结构——"家国同构"的宗法制度。家族制度奉行的是家长制，以父系传承，这种制度依靠的是血亲关系，并不依靠法律制度，因此维系这种制度的主要因素是伦理和道德规范，经长期发展就形成了尊卑有别、长幼有序的等级观念。中国人民在这种制度和社会等级的文化氛围影响下也就逐渐形成了尊卑有序、谦和中和的思维方式，这种思维方式也会影响到人们的交际用语。同时谦敬语词汇文化也受到儒家文化"中庸"思想的影响，人们将忍耐克制、谦逊等特点作为处世的原则，这是中华民族典型的心理体现。

日本的民族性格受到其国家的地理环境、自然面貌的影响较大，日本在这种自然环境下养成了尊重自然、尊重现实的观念，日本人也由此养成了容忍现实的思维观念，善于将各种思想进行融合。

岛国狭小的地理位置又使日本人在语言行为上更加小心谨慎，注重细节和礼节。日本是一个岛国，其宗教、人种、语言等单一。

日本社会特点决定了敬语存在的必然性，体现出社会内外有别、等级制度分明的特点。正是由于这种纵式等级制度（按照资历排列的等级制度）具有死板性与稳定性，才成为控制日本社会关系的主要因素。社会生活的各个领域都渗透着社会等级的基本准则，它绝不只限于正式集团。这种等级制度，制约着日本人的生活。日本企业集团内部论资排辈、上下等级关系严格，资历相同的人也有可能因为年龄、工龄等论资排辈，所以日本人在说话的时候要首先考虑对方和自己的等级关系，才能和对方顺利交流，具有强烈的谦语敬语意识。

（四）认知语言学与日语阅读教学

众所周知，从 2010 年起日语能力测试的题型以及考查重点都发生了重大变化，考试题型由原来的文字、词汇、听力、阅读理解、语法改为语言知识（文字、词汇、语法）、阅读理解、听力，每部分各 60 分，共 180 分。在每一部分都会设一个基准点，只要有一个部分没有达到基准点分数，就不能通过考试。另外，阅读的题量明显增加，还出现了两个新题型，一个是比较阅读，另一个是信息检索。可见，阅读理解在考试中非常重要，占 30%，得分的高低将直接影响能否通过考试。其实阅读理解就是话语分析，在本质上，话语就是一种人类活动，它既是认知对象又体现认知过程。

近 20 年来，国内外众多学者对日语阅读理解进行了研究，根据研究的内容和视角，具有代表性的研究可以概括为以下三个方面。

（1）有关影响阅读理解的因素、命题理念以及策略、教学质量评价的研究。有学者考察了影响阅读理解的因素，探讨了微命题结构。有人论述了日语阅读理解试题的命题理念及实践，指出其对于提高考试质量、更好地考查学生的日语实际运用能力，具有非常现实的意义。还有学者探讨了母语为汉语的日语学生的阅读教育，考察了促进日语习得的指导方法。另外探讨了日语学生阅读过程的实证研究，得出判断正确率的可预测性和阅读时间差的不可预测性的结论。专家对新日语能力测试 N2 样题及解析进行了分析，总结了出题倾向及备考对策。有学者探讨了 N1 读解篇解题策略，提出需要讲究阅读技巧，合理分布时间，带着问题阅读，分析句子结构、提炼句子主干，正确把握文意。相关学者探讨了重视创造性的日语阅读教育的可行性，发现写和读相互作用，通过写能够加深阅读。另外学者论述了日语阅读教学质量评估的意义和作用，分析了日语阅读教学质量的影响因素，建立了教学内容、教学组织、教学方法三方面的教学质量评价体系，提出了基于灰色关联分析的大学日语阅读教学质量评价模型，通过计算加权灰色关联度向量，对 3 位日语阅读教师的教学质量进行了评价比较研究。

（2）运用电子词典和网络等方式探讨日语阅读教学模式。有专家以《日语初级阅读》为例，讨论了网络教学系统在日语教学中的应用，学生基本可以自主完成学习，实现学习目标。专家通过对学生使用电子辞典行为的调查分析，探讨日语阅读课堂教学新模式，为日后"日语阅读"课堂教学模式的改革提供了思路。有专家和教师采用了翻转课堂的教学模式进行日语阅读课的教学，并且在课后用问卷调查和访谈等方式对学生和教师进行跟踪回访，确定其教学效果。结果显示，大部分学生都认为这种教学方式十分有效，在课堂教学之前先进行课前的视频学习和诊断测试，这样学生看视频的效果也得到了提升，学生在课前通过看视频将自己认为重要的内容记笔记。教学课堂中进行小组讨论教学问题，锻炼了学生的分析和探究能力，课后留下反思作业巩固了所学的知识。当然在回访中，学生也给出了一些建议，希望教师可以引导学生合理安排课余时间，这样能够增加学生的学习自主性。

（3）运用语言学理论探讨日语阅读教学的研究。相关学者运用符号学理论探讨了日语阅读教学，从而提高了学生的阅读能力。专家运用认知语言学的图式理论，通过阅读激活学生的知识与信息结构，拓宽视野，形成新的图式，以使其提高自主阅读能力。外国学者运用协作学习的理论探讨了以词汇习得为目标的阅读，发现效果良好，能够促进主动阅读、自觉学习词汇、获得知识和信息，增强学习成就感并激发学习动力。还有运用生态语言学的理论，把日语阅读教学放在一个完整的教育生态链上进行探索，试图培养学生自觉应用日语以及使用日语轻松地解决中日交流中所遇问题的能力。

上述研究现状中既有对阅读理解内容方面、策略方面的研究，也有对日语阅读教学方面的研究，其中教学方面主要运用多种媒体手段、不同的语言学理论对日语阅读教学模式进行了探讨，目的是提高学生自主学习能力和阅读能力。通过对日语阅读理解文献的梳理，发现缺乏基于认知语言学的视角对 2000—2012 年的日语能力测试 N2 阅读理解进行的研究。

"读"不是被动地接收文章中所写的信息，而是一种积极行为，阅读者从自我图式中调出相应的东西，对文章的内容积极地予以预测、评价，从而理解文章。教阅读时，应该指导学生使用积极主动的阅读方法，有效地使用自我图式，一边与之对照，一边重新建构文章的内容。也就是说在日语阅读的教学过程中，教师既要激活学生已经存在的自我语言文化图式，也要同时根据新的阅读文章信息构建新的语义图式。认知语言学探求语言与人类认知活动之间的关系，语言和在经验的基础上形成的知识体系的关系，最终可以轻松解释语言现象的各种要素。

我们可以从三个方面对学习和组织教学进行尝试：（1）语言知识。阅读的基础和前提是掌握足够的语音、词汇和语法知识。可以运用认知语言学中隐喻、转喻的知识更快更有效地进行记忆。主要通过核心词汇的原型意义到边缘意义的扩展，运用事态认知模式掌握表达相同语义的不同表达方式的语法，以便提高语言能力。（2）文化背景知识。平时的日语学习大多集中在语言、文学与文化领域。除此之外，还要阅读有关社会、教育、生活、科学、心理、人生和商务等领域的文章，以便对日本多方面地了解，尤其通过阅读日本报纸和浏览日语网站，及时了解和把握相关重点和热点话题。（3）认知能力。认知能力是人脑加工、储存和提取信息的能力，即人们对事物的构成、性能及与其他事物的关系、发展动力、发展方向以及基本规律的把握能力。也就是说要提高自己的注意力、感知能力、记忆能力以及判断推理能力。

（五）认知语言学与日语听力教学

当前，中日两国的交流越来越频繁，两国的文化和贸易往来也促使培养了越来越多的拥有良好听说能力的日语人才。听力对于日语的学习十分重要，我国在2010年对日语能力测试进行了改革，这次改革与之前的测试有两点重要的变化：第一，考试顺序发生变化。新的日语能力测试的安排顺序为先是语言知识，首先是对文字、词汇、语法等基础能力的测试，之后是阅读理解，最后是听力测试。可以看出听力测试被放到最后，无形中增加了听力测试的难度，因为学生需要保持更加集中和长时间的注意力。第二，考试分值的变化。新的测试标准为语言知识、听力、阅读理解各占60分，采用基准分制度，即每一项的考试都要通过考核标准分也就是及格分才能通过，其中一项低于基准分也代表不合格。这样促使学生将阅读理解和听力的能力培养重视起来，学生的实际交际能力也能有所提高。虽然听力教学得到了师生的重视，但是听力项目仍然是学生的薄弱项，需要加强教学。

日语听力教学一直备受关注，中日众多学者从不同视角对其展开了不同的研究。根据研究内容从七个方面进行文献梳理，近20年的代表性研究成果归纳概括如下。

（1）听力策略的研究。①主要围绕听力练习方法进行了考察和分析。②针对日语留学生考察了听力训练的效果。③考察听力策略对词汇附带习得的影响。④采用问卷形式，以教师的主体认知视角对来自132所国内院校的176名日语教师进行有关听力教学的现状调查。研究结果发现，对学生的听力能力进行训练最终可以提高学生的自主学习能力，学生能对学习更加感兴趣，学生的自主学习意识得到加强，学生能明确学习的方法和路径。当前，学生的听力教学的主要问题就是学生的自主学习动力不足，这阻碍了听力教学的改善，听力教学需要强调以培养学生自主学习能力为目标，重在培养学生的自学习惯。

（2）影响日语学生听力理解的因素。①从语言知识、文化背景、心理因素等方面研究影响听力能力的主要原因。②探讨日语听力理解能力中认知风格的影响。

（3）实证研究。①日语听说技能。②听力课堂教学改革。

（4）教学方法与教学模式改革与创新。①探讨日语听力课堂中对合作学习的应用效果，并探讨出现的问题和实践结果。②创建《日语听力》网络辅助教学的新的教学方式。③日语听力考试改革对听力教学的影响和启示的讨论。④根据《高级日语视听说》课程在网络环境下展开教学的纲领和方式，进行新模式的构建。⑤探讨以人为本的教学理念在日语听力教学方法改革下的应用。⑥让学生观看原版的日语新闻、文章和一些简单的口语会话，并且在观看的过程进行跟读练习，这个过程中采用两种形式，分别是语音模仿和意思跟读，一般进行 10—15 分钟。⑦采用提示型教学法进行日语听力教学，并且要求学生运用总分的方式分析听力材料，养成良好的听解习惯。⑧观看日本优秀的影片和视频，了解日本文化和日本人的思维方式，看听力的能力是否提升。⑨将各种教学方法比如认知语言学、任务型教学法等引入到听力教学中进行改革尝试。⑩通过对比四个学期的授课效果，分析多媒体教学的应用情况。

（5）听力教学中的文化导入。①讨论文化在听力教学中的渗透情况。②通过对视听的情境场合、背景知识和上下文的理解来测试听力效果，并根据结果进行相关指导。③讨论学生在中级阶段对听力背景的了解情况。

（6）听力教学中认知语言学理论的运用。①介绍图式理论、听力训练中信息处理方式等，讨论图式理论的重要性。②以中国日语学生为被试者，从语言实际运用视角出发，以词汇加工能力、语法加工能力、句子听后复述能力、语音短时记忆容量、工作记忆容量为自变量构建多元回归模型，探讨 5 种因素对日语听力过程的影响。

（7）听力教学理论与听力教学研究概述。听力是听者调动已有知识对所听内容进行重新构筑的能动过程。听力教学理论及相关研究，是从激活图式知识与训练听力方法两个角度归纳总结重视听力过程的教学研究与教学实践成果，探讨国内日语听力教学的研究现状并展望今后的发展。

三、认知语言学视角下的日语教学翻转课堂模式的构建

认知语言学视角下的日语语音教学的重点在于利用原型理论分析引导学生对日语语音之间联系的认知，范畴化地分析引导学生对日语语音归类的认知。语言认知学理论认为单词义项背后的理据性分析对于词汇教学十分关键。首先，引导学生分析原型意义的基本属性。其次，以原型意义为基础根据语境推测引申意义。

最后运用隐喻、转喻分析引申意义的构建过程，实现深层次语义加工，构建其完整的语义网络。日语的语法在认知语言学的理论分析下要求分析认知域的语言表达、某一认知域的语言现象背后的理据性，其系统的阐释，更易于学生理解。认知语言学视角下的日语语用教学的重点在于理解话语时，要学会使用推理机制，既理解话语的字面意思，又挖掘出隐藏的信息，将两者进行综合加工，结合语境假设，寻求其内在联系，对现实、认知、语言和文化四个要素进行社会认知分析。认知语言学视角下的日语语篇教学的重点是根据语言知识、社会文化知识以及百科知识对语篇进行思考或判断。认知语言学视角下的高校日语教学采用内省法和语料库法辅助教学，更注重教学过程的分析，以实现更为有效的教学目标。

认知语言学具有认知性和社会性，这种理论认为语言的形成是人们对现实一切事物认知过程和结果的反映。

这为解释部分语言现象提供了理据，为传统的外语教学注入了活力，为认识语言提供了新手段、新视角。综览研究外语教学问题的认知语言学文献，得出这样的印象，即认知语言学对这一领域的贡献是双重的：通过基本层次、转喻和隐喻、主体和背景以及完形等理论，得出习得外语的认知——经验途径的新形式，并揭示了以这些理论为基础的认知网络。基于认知语言学的二语教学可以兼顾语言的形式、意义和功能，结合传统教学方法的优势，提升教学效果。认知语言学虽然为认识语言、外语教学提供了新手段、新视角，但是不能指望单纯利用认知语言学进行外语教学就可以找到学习外语的捷径，这种教学出来的效果也并不能达到本族语者的水平。认知语言学只是与其他语言学派相比，对语言的本质和结构给予了不同的解释，这个解释更准确、更有说服力、更全面。也就是说认知语言学并不能解决外语教学中所有的问题，自身有其局限性，毕竟认知语言学还在不断地发展和完善中。

一种关注认知语言学成果的现代外语教学理论可以遵照下面的路线来构建：（1）目标：交际的，最终是跨文化的能力；（2）方法/策略：行为取向的，以学生为中心的；（3）途径：经由原型，基本层次，主体和背景以及完形等习得外语的认知体验途径。一般来说，这三个要素结合到学习范式里可以证明对外语教学总的来说是富有成效的。

在认知语言学视角下的日语教学模式中，提高语言文化认知能力和综合人文素养教学目标的实现，其具体课堂设计需要体现为以下三个步骤：（1）教师引导学生认知其教材、词典的语义，分析各义项之间理据性的联系；（2）教师引导学生进一步认知其语料库、青空文库、Yahoo（知惠袋）和《日语口语词典》等真实文本的语义，构建其完整的网络语义；（3）教师引导学生进一步设定场景，通过阅读、口语交际、写作等方式认知、理解与运用其语义。

（一）认知语言学与翻转课堂

1. 认知教学法与图式理论

认知教学法认为在外语教学中教师要利用和遵循学生的认知特点和规律，同时，也要教授学生加深对语言规则、现象的认知，在教学过程中加上一些认知语言学的理论进行完善。可以看出认知教学法考虑到学生的本身因素，包括任职情况等，也考虑到语言本身的特征。

图式是一种信息系统，也是一种知识的表征形式，大脑在理解和学习新事物的时候为了储存和处理各种信息，会将新学到的知识和原来已经有的知识和经验有机结合，系统地组织起来，形成系统的知识网络。其实人们对一个新事物的理解永远建立在已经在大脑中形成的图式。图式可以分为四种类型，分别是内容图式、形式图式、语言图式和文化图式，其中，内容图示是一些世界的基本性知识和常识，形式图式由不同的文体的修辞结构组成，语言图式顾名思义，就是关于语言方面的知识，比如词汇、语法等。文化图式也就是各种文化背景知识。这四种图式在人们学习语言的过程中共同起到作用，经过一系列的图式活动包括激活、同化和异化等最终完成新语言的学习。

2. 翻转课堂

翻转课堂（Flipped Classroom 或 Inverted Classroom）又称为"反转课堂""颠倒课堂""颠倒教学""课堂翻转""翻转课堂式教学模式"，翻转课堂教学模式是教师利用现代的信息技术，在课前将教学内容用视频的方式发给学生，学生在课前进行教学视频的观看和学习任务的探究，先完成一轮自主学习，然后在课堂上针对学习中的问题和教师讨论、互动解决的一种新型教学模式。

翻转课堂作为复合型学习模式的一种，是一个构建深度知识的课堂，师生角色也随之发生了变化，教师成为"学习的指导者"，学生成为"主动学生"。翻转课堂要经过三个过程，依次是问题引导、观看视频和解决问题，其中观看视频环节即课下知识学习环节，也是翻转教学的关键环节。学生在课前观看教师整理的学习资料包括教学视频和教学教案等先进行自主学习，对老师提出的问题进行自主解答，可称为第一次知识内化。问题解决环节就是在课堂上进行师生讨论和解决，以小组的方式交流互动，教师负责有效指引，可称为第二次知识内化。

3. 认知语言学与翻转课堂的融合点

认知语言学遵循体验哲学的理论观点，依靠人们的自身经验和认知水平，研究语言的教学和学习的各种意义，通过认知方式和知识结构，探讨语言教学和学习过程中蕴含的各种认知规律，并对其作出解释。认知语言学是一门跨领域的学科。针对日语的日常教学和学习，我们在实践过程中会有意识或者无意识地采用认知语言学理论和观点来进行认知，最终形成教学经验和语感。如果我们一直使用教学经验和学生的语感就可以通过认知语言学找到解释和验证的方法。所以，我们要努力将理论和实践相结合，不断进行教学的探究，最终就一定会找出更加符合教学和学习规律的日语教学模式。认知语言学研究的重点在于知识的整合和解释，并通过表面的问题挖掘其内在规律，学生就可以通过语言的认知规律加深对语言的理解，使学习语言不再用死记硬背的枯燥方法，以达到更高的学习效率。认知语言学目前是研究语言教学的有效辅助手段。我们可以尝试在基础日语教学中采用认知语言学的理论知识，挖掘日语语言的规律，按照规律来进行日语的学习。认知语言学兼具认知性与社会性，认为语言既是认知的，也是社会的和文化的。认知语言学认为语言反映的是人对现实世界的认知过程和认知结果，为解释部分语言现象提供了理据，为传统的外语教学注入了活力，为认识语言提供了新手段、新视角。可尝试通过运用识解、视点等理论方法辅助教学，这样不仅有助于提高日语教学的效率，而且还能提升学生学习的积极性和思考的主动性。认知语言学的理论方法为语言习得和语言教学提供了理论解释与实践操作的新思路。

翻转课堂的教学将传统课堂上的教学环节移到了课前，认知环节更加优化。我们需要了解，认知领域目标有六个主要类别：知识、领会、运用、分析、综合和评价。翻转课堂要求学生在课堂之前就先进行自主的学习，其实也是一种知识的传授，这个阶段学生需要运用的就是简单的认知能力，到了真正的课堂上，教师和学生合作学习是对知识的拓展和应用，这个阶段可以培养学生的批判性思维，这里锻炼的就是高级的认知能力。学生经过这一系列的能力锻炼，学习效率会大大提高，更加对语言的学习感兴趣，虽然可能投入的学习时间减少，但是能带来更好的效果。翻转课堂教学能够锻炼学生不同阶段的认知能力。

通过上面的论述，作者认为如果教师有意识有计划地将认知语言学的理论知识融进翻转课堂的具体教学环节，则会更为有效地提高学生的语言文化认知能力和综合人文素养。

（二）认知语言视角下的日语翻转课堂教学模式

教师在进行翻转课堂教学模式的时候，需要依据认知的一些理论来使学生的认知路径和认知结构更加清晰，进入到翻转课堂的教学节奏中来。因此，笔者认为认知语言学视角下的日语翻转课堂教学设计可以分为三个环节：首先，课前完成一次新知识的内化。教师让学生观看有关《综合日语》教学的微信公众号视频以及预习相关文本，完成新的语言文化知识输入，实现初级阶段的认知。其次，课堂上通过"三步曲"完成新知识的二次内化。教师让学生讨论具体文本，了解对新知识的认知程度，然后基于认知语言学理论进一步引导学生分析具体语言文本，激活对新知识已有的语言文化认知，构建新知识更深层次的语言文化认知，再让学生设计小组实践活动，实现语言和文化知识的输出和运用，进一步提高学生对新知识的语言文化认知，实现高级阶段的认知。最后，课后完成对新知识的检验和评价。教师制作小测验和问卷调查，让学生完成在线练习检测和评价教学效果，进一步实现扩展认知。

基于认知语言学视角下的日语翻转课堂教学设计具体环节，作者认为可以构建以"认知语言学"理论为指导，以"翻转课堂"为载体，以"认知主体学生"为中心，以"提高语言文化认知能力与综合人文素养"为目标的高校日语教学模式。

认知语言学在日语教学习得方面的应用可谓方兴未艾，大有可为。深入认识认知语言学的"语义是核心，语法结构都有意义，语言基于使用"三个基本特征能够为在教学实践中更好地解决"准确性、流利性和思辨能力不强"三个基本问题提供新的思路。首先，加强语言教学理论研究，通过和二语习得理论相结合，将之前英语教学的成功经验借鉴过来进行实践操作；其次，重视教材改革，将教材分门别类，通过专业性和课标的要求，从不同的学习阶段进行教材的整合改革；最后，从思维模式的角度将语言文化和文学深入挖掘，让学生从日语的思维方式着手学习日语，让学生对学习日语更加感兴趣，提高学生学习的自主性，让认知语言学更好地在教学上发挥作用。

不仅如此，认知语言学还可以结合信息技术微课、翻转课堂等载体进一步构建新的日语教学模式。

第二节　社会语言学理论与日语教学

语言学还包括社会语言学，其主要研究内容就是研究语言和社会各个因素之间的关系。我国在日语教学上的社会语言学研究还不够深入，更不用说用社会语言学来研究日语教学了。随着社会和理论的发展，我们要逐渐将目光更多投向社会语言学的日语教学上，研究出更加合适的教学模式。

一、社会语言学的概念及研究范围

社会语言学与其他的语言学最大的区别就是社会语言学将研究的重点放到了语言和社会的关系上，使得语言研究的视角更加多元。社会语言学的主要研究途径就是考察语言在不同的社会因素下的变化，深入探讨社会和不同语言之间的"共变"关系。社会语言学的研究领域极其广泛，可以概括为9个方面：(1)方法论，(2)语言变种，(3)语言活动，(4)语言生活，(5)语言接触，(6)语言变化，(7)语言意识，(8)语言习得，(9)语言规划。我们可以从语言的变种和语言的活动两个方面对日语的语言特点进行分析，并得出社会语言学理论对日语教学的启示。

二、从社会语言学视角看日语的特点

(一)社会语言学视角下的语言变种

语言变种就是语言变异，社会语言学认为，当语言的使用者自身的社会属性发生改变会引发语言的变种，也就是语言变异。这些社会属性的范围十分广泛，包括使用者的年龄、性别、语言的使用场景等。

1. 性别差与语言变异

在日语使用方面，男女不同性别会在使用上有很大的差异。这是有历史原因的。早在古代时期，日语性别就产生了不同，男性的语言多出现汉语词，女性的语言多出现和语词。发展到现代汉语时期，男女的语言在于其、词汇的选择以及表达方式等方面存在着不同的使用规范。同时，随着社会的进步，女性逐渐在社会上拥有自己的地位，可以选择不同的生活方式，在语言的使用上也发生了个性化的变化，女性之间的语言使用差异也在不断增加。

2. 年龄差与语言变异

不同年龄的语言使用者在语言上也会产生差异，同样是在表达同一个意思，

两个不同年龄阶段的人使用方法就不相同。

3. 场面与语言变异

日语的使用在不同场景下会有很大的不同。日常生活中，我们面临的场合有正式的和非正式的，公共的和私人的不同情景，这种不同情景和场合下语言的形式就不会相同。最简单的就是企业的职员在平时工作的时候和自己的同事交流就使用随意的简体方式，但是如果要在公司的正式会议上进行发言或者演讲时就需要使用有礼貌的、正式的敬体语言形式。

（二）社会语言学视角下的语言活动

人们运用语言进行交际的过程就是语言活动。语言的构成要素分为 5 个方面：（1）表达者（谁）；（2）理解者（对谁）；（3）素材（有关什么内容）；（4）环境（在什么情况下）；（5）上下文（话题的来龙去脉）。其中"表达者"也就是说话的人和"理解者"也就是听话的人是语言活动中最首要的要素。这两个要素是什么样的社会关系、两者处在什么样的社会环境都会对他们的语言活动产生很大的影响，其中，两者的社会地位和所处场景就会影响他们敬语的使用方式。

三、社会语言学理论对日语教学的启示

（一）注重语言变异教学

前文中提到过，在日语的使用中，不同的性别、年龄、场景等都会影响日语的使用变异，放到日语的教学课堂中，教师就要提醒学生对日语使用的变异。在性别上，学生需要了解日语的男性用语和女性用语的区别，比如说语气、用词、表达方式上有所区分。在年龄上，学生需要了解年长者和年轻者要用的措辞和语言形式与语气的区别。在不同的场景中学生要学会选择使用敬语还是非敬语，进行判断并选择使用书面化的语言还是口语化的语言。

（二）注重学生语言活动能力的培养

在进行实际的交际中，人们需要拥有对语言的使用者的性别、年龄、使用的场景和双方的社会关系等因素进行判断并选择语言使用的能力，即语言活动能力，其本质就是交际能力。在教学上，教师要注重培养学生的交际能力，比如说可以使用交际法进行教学。交交际法的目的就是培养学生的交际能力。注重语用能力的培养，是社会语言学的方法体现。在交际教学法中，教师可以采用让学生进行

角色扮演的方式进行交际训练，角色扮演让不同的学生扮演不同的社会角色，在不同的社会场景下，进行特定内容的语言活动，在角色扮演结束后，教师可以根据学生的表现进行指导和点评，以加深学生对日语在年龄、性别、场景上的区别印象。在表演的时候，要尽可能地还原真实的场景，可以使用一些演出的道具来增加真实性。教师还可以要求用同样的一段话，让学生在不同的年龄、性别和情景下进行表演，体会其中的差异。

（三）调动学生学习的主观情感因素

社会语言学的观点认为，人们在学习一门新的语言时重要、首要的因素就是学生的主观条件，这种主观条件包括动机、愿望等一系列的主观感情因素。基于这一因素，教师在教学的时候要注重培养学生的学习兴趣，让学生能够带着好奇和思考去学习语言。中国学生在日语入门的时候由于汉语和日语的相关性可能会觉得比较简单，但是随着日语学习的深入，日语语言本身的特点会让学生觉得越来越难，逐渐失去对日语学习的兴趣。教师要随时关注学生的学习的情绪和动态，当发现学生进入到学习的瓶颈或者学习态度懈怠的时候，就要给予帮助，加强关心和鼓励，尤其是针对基础薄弱的学生，要帮助他改进学习方法，布置一些简单基础的学习任务，帮他建立起自信。学校要注重对教学教材的选择，选择一些有趣味性和实用性的内容的教材，也要注意及时更新教材。教师在实践教学中可以采用传统板书和多媒体教学结合的方式，以增加教学的趣味性，引起学生的学习兴趣。

语言的诞生与发展和当时所处的社会环境有很大的关系。如果从社会语言学的角度来看，日语的研究就要集中在日语说话人的社会属性、听话人的社会关系以及说话时的场景等因素。学生在学习语言时，很容易因为自己的主观感情而影响学习效果，所以在教学过程中，教师要注意培养学生的交际能力，学会语言的变异，让学生在不同的社会场景和社会地位与关系中都能游刃有余地使用日语。目前来看，社会语言学在日语教学中的研究还不够深入，我们要加大这方面的研究力度。

第三章　现代日语教学的实施内容

日语教学和其他的外语教学的目标和内容相同，要求学生掌握"听说读写"本领。本章从现代日语教学的实施内容出发，分别介绍现代日语教学的"听说""读写""翻译"等内容。

第一节　现代日语听说教学的实施

一、日语听力教学

（一）日语听力教学基础知识揭示

1. 日语听力教学现状的研究概况

从以往的日语教学研究来看，日语的听力教学出现的问题有一定的普遍性，也不太容易得到解决。无论哪个阶段和教学层级，出现的问题有一定的共性，可以概括为四点：第一，在整体的日语学习时间中，听力部分整体投入的时间很少，无论是在教学还是在学习上，听力部分都没有得到教师和学生的重视。第二，日语听力的教学方式和模式都没有根据时代的发展及时更新，比较传统和陈旧。第三，教学内容单一，没有提供丰富的听力材料。第四，学校对师资及时不太重视，日语教学的投入不够，听力课程具有一定的特殊性，师资投入却比较随意。

2. 日语听力教学理论的研究概况

日语听力教学的研究并不很多，而且研究的内容理论多于实践，其中，图式理论占据一大部分，图式理论的研究多放在对听力教学中的作用和应用上面。当然，也有一部分专家在研究理论在听力教学中的实践应用，例如，二语习得的标记性理论在听力学习中的应用，并且根据实践中的辨音、词、句子障碍等问题提出了相应的教学对策。

3. 教学方法研究概况

日语听力教学方法和策略的研究相对较多，可以分为很多方面。

第一，关于教学方法的改进的研究。研究旨在将学生从传统的被动接受知识改为自主性学习。

①任务型教学法在听力教学中的应用策略。

②经过一系列的研究证实了任务型教学法的优势和可行性。

③情景教学法在听力教学中的应用，认为其可以激发学生的学习主动性。

第二，关于听力教学的研究。认为学生的自主学习能力十分重要。教师在进行听力教学中，首先要对自己的教学理念进行更新，认识到自己在课堂上扮演了什么样的角色，通过各种方法让学生对听力课程感兴趣，让学生能够主动自主地学习听力的相关技能和练习，不断激发学生的创造性和主观能动性，发挥自主的效力。

第三，关于听训练研究。在平时的听力训练中，要将听和说结合起来，要对听力材料进行理解分析。根据相关专家的研究，影子练习法是针对听力训练比较有效的方法，这个方法包括"输入"与"输出"两个环节，经过一系列的试验和问卷的方式得出了影子练习法可以提高听力的各项能力。

第四，日语与日本文化关系的研究。要重视日语学习中对日本文化的学习，让学生在良好的文化背景下克服听力中的文化障碍。

4. 多媒体辅助教学研究概况

高校的教学设备和环境经过不断地更新完善已经十分现代化，听力训练，大部分都使用了多媒体设备，多媒体在听力教学中的辅助作用十分明显，因此很多专家对此进行了研究。首先，研究对多媒体听力教学的现状进行了分析，提出了一些问题，比如资源分配不均衡、多媒体的利用效果不明显、学生缺乏教师的引导等。针对这些问题，专家提出了相关的对策。当然有的专家针对多媒体本身应用于教学的利弊也进行了分析，并对其提出了改善方策。

（二）日语听力教学的内容

听力教学作为日语教学中的重要组成部分，承担着培养日语人才交际能力的重任。明确听力教学的内容可以对教学的改革提供依据。目前，日语听力教学的内容分为三方面：听力知识、听力技能和听力理解，下面一一介绍。

1. 听力知识

听力的基础知识是进行听力理解的最基础部分，只有对听力的基础知识有所了解才能开展其他内容的学习，听力知识包括语音知识和语用知识，语用知识又包括策略知识、文化知识等等。

2. 听力技能

日语听力理解能力依靠听力技能的使用，使用听力技能可以增加听力的科学性和针对性，因此学生进行听力训练就一定要先学会各种听力技能。

听力技能主要包括以下几项内容。

（1）辨音能力

辨音能力是指学生的各种分辨声音的能力，包括音位、余条、重弱、意群以及音质的辨别。提高辨音能力可以增加听力理解的有效度，也可以增加学生的理解能力。

（2）交际信息辨别能力

交际信息辨别能力是对语言交际用语能力的辨别能力，包括新信息指示语、例证指示语、话题终止指示语、转换指示语等。这项能力和辨音能力相似，都可以增加学生的理解能力，提高听力重要信息的提取的有效性和针对性。

（3）大意理解能力

大意理解能力考察了学生对材料的主旨概括能力，可以理解文章的主题和意图。学生大意理解能力的提高能够增加其整体把控能力。

（4）细节理解能力

细节理解能力正好和大意理解能力是相对的一对能力。增加学生的细节理解能力可以让学生提高做题的准确度。

（5）选择注意力

选择注意力是能够提高重要信息的抓取能力。听力材料涉及不同的领域，因此注意力的选择十分关键，提高这项能力可以让学生准确把握文章的话题中心思想。

（6）记笔记

记笔记能力要求学生在听到重要的信息后能准确地记录下来，因为人的大脑记忆是有限的，听力过程中的记忆大多只是瞬时记忆，需要用笔记下来，增加记忆的效果。

听力水平的提高是一个长期的过程，需要长年累月的积累，教师要认识到这一点，根据教学的规律按部就班地进行针对性训练。不同的学生其学习习惯和学习基础不同，教师要因材施教，根据学生的不同特点进行教学。

3. 听力理解

前面两个听力内容的学习，无论是知识点的学习还是技能的教授，其最终目的都是提高日语的听力理解能力。语言在不同的场合使用，不同身份的人讲出来会产生不同的含义。日语的语用规范十分复杂，因此正确理解话语的含义是听力能力的关键，也是一项难点。教师在听力理解的教学中，要让学生循序渐进地提升其理解能力，先是语句表面的意思，然后让学生根据全文的背景和文化因素对隐含的意思进行挖掘，提升学生的综合语用能力。听力理解能力包含了四个阶段。

（1）辨认

辨认的主要内容包括语音辨认、信息辨认、符号辨认等。辨认在环节上属于第一个阶段，但是也可以看出这个环节是后面环节展开的基础，因为如果学生在进行听力训练的过程中没有将听的内容辨认出来，那后面的环节就无法进行。

辨认阶段也有不同的等级划分，最基础的是语音辨认，最高级的是对说话者意图的辨认。学生的辨认能力的提升可以采用正误辨认、匹配、勾画等方式加以训练，比如说让学生先看一段打乱顺序的听力材料，然后再播放相关的听力材料，最后根据听到的内容进行材料的排序。

（2）分析

学生在这个阶段可以根据听到的材料辨别出短句和句型，根据语法和内容了解听力材料的意义。

（3）重组

学生能够用自己的语言方式将听力材料的内容口述出来或者使用书写等方式进行表述。

（4）评价与应用

最后的评价与应用阶段是建立在前三个阶段的基础上的。在对材料信息足够了解的情况下可以对信息进行评价和应用。这一环节的实现可以采用讨论、辩论、问题解决的方式促进。

听力理解的过程需要循序渐进地进行，无论是辨认、分析，还是重组和应用，每一个阶段都要牢牢把握，只有将这一技能扎实掌握，才能达到听力能力提高的目的。

（三）听力教学的重要性

听力作为语言学习的重要能力，承担使用者接受信息的重要任务，语用者只有准确接收各种交际信息才能顺利进行交流，因此听力是学习语言的第一步。听力教学在日语教学中自然占据重要地位，学生掌握了听力才能正常进行交际，学生也只有在听懂对方语言的前提下才能顺利交流。听力的技能也是语言技能掌握中非常难的一环，因此学生在进行训练的时候不要急躁，要明白这是一个长期的过程，要循序渐进，慢慢提高。

1. 以听力教学巩固语言知识

在传统的理论学习中，学生对一门语言的学习一般都是从听取老师的知识内容的讲解开始的。教师将基础性的知识传授给学生，学生再根据讲解的内容自己进行练习，包括口头的背诵、运用以及书写、做题，最终内化为自己的知识。但是现代建构主义理论认为，教师的传授和讲解并不是学习的主要因素，学生学习语言知识是依靠认知因素和情感因素相互作用，共同建构知识的结果。而听力教学活动可以促进知识体系的构建，让学生将学到的知识进行内化和巩固。

2. 以听力教学激发学习兴趣

教学本身具有双面的特点，会根据学生和教师的不同立场有不同的特点。从教师的角度来看，教学是教师指导学生学习的教育活动；从学生的角度来看，教学是在教师的指导下进行学习，学生经过老师的指导掌握了学习的知识和技能，最终推动综合能力的提高。从这一点可以看出，教学也是一种过程，教师在这个过程中积累教学经验，学生在这个过程中得到发展。教学的过程中非常重要的因素是学生对学习保持兴趣，因为只有学生有学习的兴趣，教学才能顺利进行下去，所以在教学中如何保持学生的兴趣，让学生能自主参与到学习中去是老师需要考虑的重要问题。由于听力教学在日语的教学中属于难度很大的一个部分，所以容易让学生产生畏难的心理，不愿投入更多的精力，学习兴趣基本上也就丧失了。

首先，要找出学生对听力活动不感兴趣的原因。由于听力活动的所有环节都是由老师把控的，无论是程序还是速度，学生只是任务的执行者，没有拒绝的权利，没有选择的余地，因此听力活动的中心在老师不在学生。虽然一部分老师明白日语的课堂应该保持语言的交际性特点，但是在听力实践过程中，老师还是会将自己放在"控制者"的角色上，这体现在很多细节上，比如教师根据听力活动进行发问，这就决定了问题讲解的详细程度；教师掌握着播放听力材料的次数和停顿等。学生在听力活动中扮演"被控制者"的角色，被动地跟着老师的操作和要求进行，听到一段录音即使产生了疑惑和想法，也不能随时提出解决，也没有机会和他人讨论。

其次，学生在参加听力活动时有时会产生孤立无援的感觉。在以往的听力训练中，学生的听力顺序一般是先听取听力材料，然后再检查理解的正确与否，老师一般会先放一遍录音，然后根据相关的内容进行提问。学生们在只听两遍甚至一遍的情况下可能没有得到有效的信息，再加上学生的水平不同，有的基础十分薄弱，对于老师提出的问题没有把握得到正确答案，同时这种传统模式也没有学生讨论的环节，这样加剧了学生的孤立无援的感觉，产生焦虑的心理。

此外，在听力教学中，老师很难看清学生听力学习的状态，因为在听力进行的时候，学生只需要提供耳朵和手，老师无法根据学生的表现来判断学生的学习状态，这不像学生做阅读理解，学生可以在阅读的时候眼球进行移动，老师可以据此了解学生的认真程度，听力训练老师无法根据学生的表现判断，即使这个学生在听力训练的时候心不在焉，老师也很难发现。

最后，学生对听力活动提不起兴趣的原因还可以归结为现实生活中的语言交际和课堂上的听力材料语言不相同，学生产生割裂感，不能感受到现实的交际环境下的真实需求。同时这种听力训练的形式和实际的交际环境也大不相同，现实的交际环境是轻松自然的，但是在课堂上进行听力训练就需要集中精力，紧紧跟随听力的内容，给学生带来很大的压力。如果听力的材料很长，信息量也很多，或者说话者的语速很快，学生就很容易跟不上，产生理解的障碍。同时在课堂的环境下学生也不能随时提问，只能将疑问留在心底，最终产生学习的挫败感，打击学习的主动性。

此外，听力理解的活动不能中途停下来思考，不像阅读理解，做阅读的速度和频率完全由学生自己掌控，遇到不懂的问题可以停下来反复阅读，或者思考后和其他同学讨论，向老师请教，及时解决问题。听力理解的过程中学生不能掌控听的速度和频率，这和实际的交际环境是不同的，学生难以理解真正的交际需要。

听力理解之所以难度很高就是上面的原因导致，学生面对难度过高的任务自然容易产生放弃的想法，失去学习的兴趣，打击学生的积极性和主动性。所以如果要提高学生的听力学习积极性，就要给学生营造真实的日语交际的环境，让学生在真实的交际环境下更好地掌握技巧，老师注意观察学生的学习特点，转变教学的方法，转变教学的角色，做学生听力学习的引导者和启发者。

（四）日语听力教学的原则

1. 听前教学原则

学生在进行新的听力训练之前要先进行准备或者热身，这样学生才能更加容易进入学习的状态。

（1）相关性教学原则

教师要遵循相关性教学原则，可以在课前举行一些和听力材料相关的活动，引导学生问题的思考，激发他们对听力材料的兴趣，这样学生也能提前调动大脑中相关的知识和信息，为接下来的听力活动做准备。所举行的活动可以是相关视频的观看，看后老师让学生分小组讨论观看的内容，这样学生在浓厚的学习氛围中产生听力学习的兴趣，然后老师可以用图片播放的方式将学生的语言抽象理解进入到图像的展示，加深印象，为接下来听力材料的可理解性输入打基础，让学生面对听力问题更加自信。

（2）简化原则

教师遵循的原则还包括简化原则，这个原则要求让学生更加简单地理解语言材料。

①词汇学习。

很多学生认为词汇不属于听力理解的基础课程和能力，只是单独的语言的课程内容，听力训练是不需要词汇的学习的，这样的想法是错误的。如果在一段听力材料中出现了大量不懂的词汇那必然会影响对材料的理解，产生听力障碍，让听者陷入被动的状态，影响任务的完成。听力理解，词汇的学习同样重要，学生不仅要学习词汇的发音，还要在听到词汇后能够及时补充其语义。教师在听力教学上要善于利用材料中的重要短语和句型让学生更好地掌握生词的各种知识，让学生不再对词汇产生陌生的感觉，能够快速反馈出需要的信息。

②背景知识与专业术语的介绍

专业术语本身在词汇的学习中就有一定的难度，因为基础性的词汇学习涉及的专业性术语有限，学生的词汇量中专业术语词汇储存也是有限的，当听到没有听过的专业术语自然会产生障碍，同时，专业术语很可能在文章中是一个关键词，需要老师加以说明解释，否则学生不能对材料有很好地理解。

③对听力短文内容的预测。

听力理解一般都有配套的练习、相关的陈述、问题及选择项，其中包含了很多文章的信息，学生可以从中得到一些有用的信息对听力材料进行预测判断，这样在正式进行听力的过程中利用熟悉度可以更加顺利地得到有效信息。

将上述的三点内容相结合可以提高学生对听力材料的理解能力，为理解的过程提供动力。

2.听中环节的教学原则

由于在听力材料播放之前学生就已经做好了听前的准备，所以在正式进行听力检测时学生可以更加顺利地进入状态。在听力训练进行中的过程也是学生对材料的输入到吸收到反馈的过程，要遵循的教学原则包括以下两点。

（1）明确化原则

学生如果没有带着听力的目标或者任务，在进行听力练习的过程中是很难进入到听力理解的状态的，学生在听完一篇文章或者材料后基本上会一无所获。这是因为听力者没有带着任务去听，是一种漫游的没有目的的状态，有的听力者没有重点会试图，将每一句都要听清理解是很难的，很容易在某个障碍出现后中途放弃。所以在听力材料播放之前，老师要给学生明确听力的任务是什么，让学生找到听力的目标，这样学生就能带着任务去听，有的放矢。

（2）层次化原则

听力任务也要分一定的层次，一般都是由容易到困难，由低级到高级，这是一个循序渐进的过程，不能刚开始就要求学生能对听到的内容做出正确的反馈，这样只会打击学生的自信。可以让初学者先从简单的低级的听力任务做起，让学生产生成就感，然后才有兴趣进行更高一级的任务。

教师可以让学生先整体上理解全文，然后根据整体的走向细化内容，最后能够做到对文章的意图的推理。要让学生带着任务，明确听力的方向，进行有目的的听力训练。

其次，听力材料的播放不要一下子播完，要在中间有停顿。因为听力材料中难免会出现一些复杂结构的长句子，学生基础薄弱或者没有达到一定水平就很难消化掉长句子的含义，并且每个人的记忆力有差异性，长句子不利于记忆，容易形成听力的障碍。所以教师要在这些句子或者合适的地方进行停顿，给学生足够的时间消化。另外，教师要锻炼学生对长句成分的分析能力，学会将长句子分成短句子，这样更加便于学生的理解，缩短解码的时间。

再次，听力材料涉及不同领域，体裁也十分丰富，不同的体裁在听力的时候也要抓住不同的关注点。不同体裁的信息组织具有不同的特征，学生要加强对不同体裁文章的把握能力，更加准确地捕捉材料的信息，这样理解过程会顺畅很多。

最后是互动的作用。学生的基础和学习特点决定了在进行听力训练时是否能够独立完成对信息的捕捉，学生水平的参差不齐就需要增加学生的互动环节。学生通过合作互相交流信息，补充自己的缺失信息，共同得到提高

3.听后环节的教学原则

听力材料播放结束后并不意味着听力任务的结束，要在听后环节进行一定的反思和学习。

（1）反思性教学原则

反思原则不仅针对学生也针对教师，学生和教师都要做出反思。

教师方面，教师通过对学生进行听力训练，和学生课堂互动和课后的师生交流，更加了解自己教学的有效性，根据反思出来的问题，及时对今后的教学进行改进，同时，教师也要积极引导学生进行反思学习。

学生方面，通过写反思日志，回顾自己在听力过程中遇到的问题，对自己的听力理解能力做一个评价，明确自己是否有能力独立完成听力任务，分析在听力训练的过程中对他人的依赖程度。反思自己在听力过程中运用了哪些听力策略，哪些是有效果的。

（2）善于引导学生的原则

元认知策略作为一种教学策略非常适合在听力的听后环节被采用，学生在听力活动之前就制订好学习计划，并在听力活动的过程中进行自我监控。让学生养成自我管理的好习惯，让整个听力的过程变成学生自主学习的活动。

二、日语口语教学

（一）日语口语教学的基础理论

1. 模因论

（1）传统教学存在的问题与模仿式口语教学

在传统的外语教学中，最普遍的教学模式就是老师在课堂上将知识点按部就班地讲解出来，学生认真听讲，将单词背诵下来，语法的使用规则也依靠背诵。在考试或者做题的过程中，学生会调动自己大脑中储存的老师讲解的知识记忆，这些记忆尤其是单词的记忆是零散的，学生需要进行排列组织才能落实在卷面上，这种方法的结果是学生面对书面考试可以应付，但是却并不擅长开口说，学生在用外语对话的时候会先在记忆中调动合适的词汇，然后思考语法规则该怎样将句子组织起来，如此表达出来的语言常常不连贯、不顺畅。模仿式口语教学法是一个让学生能流畅表达语言的教学方法。这种方法是指给学生提供一种接近实际的虚拟身份、场景以及实况材料，让学生对整体的会话过程进行模仿并记忆的教学过程，这个模仿的角度包括余条语音、词汇句法、会话中的省略现象、习惯用法等，还要对人物的表情、动作、会话习惯等反复模仿记忆。模仿式口语教学一共有四个过程，分别是视听＋感受、跟读＋记忆、模仿＋表达、模仿＋移用。

（2）模因论与模仿式口语教学的契合点

模因论的重要思想是模因以模仿为基础，通过模仿而传播。模因论的复制传播周期分为4个阶段：第一，同化阶段，宿主也就是学生能够注意到复制因子，并且不断地理解最终接受；第二，记忆阶段，当宿主大脑内的复制因子停留时间越长，越有机会变成模因；第三，表达阶段，学生大脑内的复制因子转化为人脑可以感知到的有形体，才能被表达出来，话语是最明显的表达手段；第四，传播阶段，需要通过图片、声音、网页等有形的载体来对模因进行传输。在模因被传输的过程中，有可能从一个宿主传输到多个潜在的宿主。

上述的四个阶段，除了通话阶段剩下的都和模仿有紧密的联系。因此，模仿是口语教学的四个过程，和模因论中的传播周期是一种映射吻合的关系。因为模仿是口语教学的过程，就是教师通过对知识、信息的传授、输送到学生的大脑中，学生将这种从来没有接触过学习过的信息进行记忆、模仿、复制和表达，最终形成口语的表达。

2. 情境认知理论

（1）情境认知理论概述

情境认知理论最早是由心理学专家提出来的，应用于心理学领域，经过不断地发展，目前在文学、教育学、设计等领域都有应用。心理学中将情境划分为两种状态，分别是心理的和客观的，心理指的就是人的心理状态，客观就是指客观存在影响到人的心理。情境认知理论认为，所有的事物都由情境构成，并且其和人类的认知逻辑相符合，情境本身具有表征和实践发展的特点。

（2）情境认知理论对日语口语教学的启示

情境认知理论将学习的重要影响因素放在了外部环境上，认为良好的外部环境可以激励学生的学习。情境认知理论比建构注意学习理论的教学方法更加普适，该理论认为学生受到老师的引导作用才能少走学习的弯路，老师要增加课堂组织的多样性，采用丰富的视听手段吸引学生的注意力和引起学生的兴趣。情境认知理论将关注的重点放在自然情境中，认为自然情境中的知识获取更加有效，致力于建立一个学习生态系统。

学生的口语教学需要建立一个真实的模拟情境来让学生感受到真实的交际环境，提高其交际能力。比如说在学习"富士山""新干线"的口语对话中，教师可以展示一些富士山和新干线的图片照片，通过图片加深对这两者的印象。情境教学的模式完全有别于传统的教学方法，传统教学方法自然也有一定的教学优势，但是在口语方面却是短板。情境教学模式在教学中预设一种真实的交际情境，在这种真实化的场景中加深学生的印象，这符合人们的记忆规律。如今社会上流行的很多大脑记忆培训的方法也是基于模拟的真实场景创设不同的情节加深对数字和语言的记忆，这些记忆的方法其实也同情景教学法具有相同的思路。

（二）日语口语的教学内容

口语的教学目的就是培养学生的口头交际能力，教学内容主要分为三个方面。

1. 教学生利用语音、语调表达正确的意思

语音语调虽然没有具体的、实际的表达含义，但是仍然具有强烈的表意功能，因为人们只要张口说话就一定会带有语音、语调，比如高低起伏、轻重缓急等。教师在开展日语口语教学的时候不仅要强调句子的语音语调，语篇中的语音语调同样重要。如果口语中不能随意发出想要发出的音，也就无法表达自己想要表达的意思。

2. 让学生了解口语的特征

口语具有自己的语法和词汇。比如说在日常口语交流中，说话者的话语内容涉及听话者，疑问句就可以省略主语和辅助动词。在口语的使用中经常见到重复单词、同义词和反义词，学生只有了解了口语的特征才可以提高口语的水平。

3. 让学生掌握交际的知识和互动的技能

口语的学习中不仅涉及怎样开口说话，怎样结束谈话也十分重要。口语教学中，教师要教授给学生一些用于交际的技能。在现实的会话中，对话双方的交谈是你来我往的模式，怎样转换话轮需要掌握一定的技巧，话轮转换对于本族语者来说好像是一个根本不需要思考、不需要学习的问题，自然而然就掌握了，但是对于二语学生确是一件较为复杂的学问，口语教学要让学生学会在互动中进行意义磋商的技能。

（三）日语口语教学的原则

1. 鼓励原则

日语交际能力的提高本身就是一个长期的需要积累的过程，良好的日语氛围是关键，学生的努力也不可缺少，教师在日常的教学中要极力为学生营造一个良好的学习氛围，并且多采取鼓励式的教学，给学生自信心，让学生大胆开口说，才能有改进和进步的可能。

教师为了鼓励学生可以做到以下几点：

（1）在上精读课的时候，教师可以预留一个环节，就是当学生精读完文章的时候进行对课文主题看法的自由发表，这样做有两个方面好处，一个是可以锻炼学生的口语表达能力，另一方面能够帮助学生理解文章主题，养成独立思考的习惯。

（2）教师可以在上听力课程的时候加上一个"说"的环节，学生在完成听

的任务后可以自由发表对文章的看法。

（3）多举办一些日语课外活动，让学生参与其中，比如说日语角、辩论赛、演讲、游戏等，这种形式的活动既可以激发学生的兴趣，又能锻炼学生的口语表达能力，让学生有更多机会练习口语，使学生主动开口说日语。

（4）找到正确的纠正口语错误的方法。有些学生基础薄弱，性格内向，从来不愿意开口说日语，或者说日语的时候紧张，容易出现错误，这个时候如果老师不进行鼓励，寻找合适的方法纠正学生的错误，而是直接揪出学生的错误不放，这样就会打击学生本来就不足的自信心，使学生更加难以开口，更不用说今后的进步了。

学生的口语练习需要教师的鼓励和表扬，教师应用正确的方法去纠正学生的错误，并且是有选择性地去纠错，针对那些严重的损害语义的错误进行纠正。此外，教师要及时关注学生的口语学习状态，发现学生遇到困难要及时帮助。

2.与实际生活相关的原则

在口语的交际练习课堂中，教师可以设计一些和实际生活相关的情景，让学生能在这种情景中进行口语的练习，学生在不断地锻炼中也就逐渐意识到交际日语的实用性和重要性，更加积极地投入到口语的练习中。例如，教师可以开一节关于中日饮食文化的课堂，学生可以在课堂上用日语表达中日美食的相同和不同，这样不仅可以巩固学生词汇量的学习，还可以提高学生的口语水平。当然在学生的口语练习中可能会出现的一个问题就是学生只会使用最简单或者最擅长的句型来描述，老师要鼓励学生变换句型，用不同的句型进行会话，才能真正提高口语的交际水平。

3.坚持日语教学的原则

学生学习第二语言最重要的阻碍就是没有一个良好的语言环境，学生日常中没有机会利用日语来进行交流练习的机会，这就需要抓紧课堂上的时间，老师尽量在课堂上用日语进行授课，不要用汉语，这样增加学生接触日语的机会，培养学生用日语进行听、看、读、写和说的习惯，另外也要学会用日语的思维思考问题。虽然一个班级的学生日语水平参差不齐，但是老师也要坚持用日语教学，可以采用简单的教学用语照顾到所有的学生，学生只有听明白老师的讲话，才能提高日语的听力水平。让学生在回答问题时也必须用日语，以锻炼他们的口语水平。当然，在教学的过程中，老师要随时观察学生的学习状态和反应，判断学生是否听懂，一些难点的地方可以加上汉语解释，但是也要注意适度，汉语的使用一定要降低频率，减少学生对汉语的依赖性。

第二节 现代日语读写教学的实施

一、日语阅读教学

（一）日语阅读教学的理论基础

1.语篇分析理论

语篇分析也可以叫作话语分析（Discourse Analysis），这个理论属于一种综合性的交叉学科，涉及语言学、符号学、人类学、文体学等各种学科，研究的方向是语言使用的各个方面知识，在20世纪60年代中期最早提出。

语篇分析理论应用在教学上可以提高学生对语篇的理解能力，让读者出于能动的作用进行理解，最终形成构建语篇意义的能力。这种方法也最适合应用到阅读的教学任务上，以调动学生学习语言的积极性，让学生能够主动构建语篇的意义和意图，更好地理解文章。

2.元认知理论

元认知概念是由美国心理学家弗拉威尔（Flavell）提出的，在1976年，弗拉威尔在研究元记忆的过程中得出了元认知的结果。元认知的定义可以总结为：元认知是人关于自己的认知过程和结果或者把一些其他相关元素的事情的知识，并包括为完成某项任务或目标，依据认知对象对认知过程进行主动的监测以及连续的调节和协调①。认知主体对认知现象的认知就是元认知，认知包括的范围有认知行为、认知状态、认知情感等。元认知是"关于认知的认知"，也就是对认知的研究，这也是认知活动的核心所在，影响着整个认知活动。元认知包含了三个部分，包括元认知知识、元认知体验、元认知监控。

（二）日语阅读教学要点

1.阅读速度的提高

教学大纲规定，在语言学习的初级阶段，阅读的速度应当在1分钟50—80个词，在语言学习的高级阶段，阅读的速度应当在1分钟100—130个词。学生刚开始进行阅读练习时，因为尚不熟悉文中的词汇、日语的使用规则，加之对文中的内容较为陌生，所以，达到大纲的要求比较困难，只有不断地进行训练才能提高阅读的速度。

---

① 汪玲，方平，郭德俊. 元认知的性质、结构与评定方法 [J]. 心理学动态，1999，7（1）：6-11.

2. 语言的准确理解

日语中助词和助动词的广泛使用，使日语的复句与单句不同于汉语，语序也不影响语意，长修饰语在句子中也使用频繁，这就造成人们难以理解语句意义或文章宗旨，必须反复阅读。这也是阅读速度慢的原因之一。

3. 工具书的运用

阅读过程中并不排除使用工具书，重要的是应学会使用工具书的方法。有些学生因为觉得烦琐，不愿意使用工具书；有些学生对工具书产生过度的依赖，完全用工具书代替自身对知识及词汇的记忆，以上两种做法都不正确。在阅读的过程中，如果不会正确使用工具书，会降低阅读的准确性，影响阅读的速度，也难以激发起阅读的兴趣，所以指导学生有效使用工具书也是阅读教学的重要任务。

4. 阅读过程中想象、推理等思维能力的培养

阅读是一种需要进行领会的学习过程，它与写作和会话等表达式的学习方法不同。但是，阅读的过程同样也需要调动起各方面的能力去参与其中，如想象能力、判断能力、归纳能力、概括能力、推理能力、分析能力、综合能力等。如果阅读时仅仅对其中的语言符号进行机械式地辨别，则难以达到阅读的真正目的。学生在朗读文章或默读文章时，常常会因为将注意力放在语音、语调上，而对语义未给予应有的关注，阅读过程中没有思维的有效参与，会造成在阅读理解方面出现困难。

（三）日语阅读的目的与过程

阅读需要具备多个程序，要理解文字符号的表层结构，需要掌握一定的词汇和语句的基础知识，在这些基础上，可以对文章语义的深层结构进行转化，最后进行信息的加工、联想、预测和推论。

1. 阅读的目的

阅读的目的不是固定不变的，不同的人参与阅读都会有不同的目的，这些不同的目的决定了阅读方法、付出的精力、投入的时间、阅读的重点的不同。按照普遍的调查分析阅读的目的，我们可以将阅读的目的分为：查找特定的信息和中心思想，学习文本，整合信息、写作和批判文本，总体理解四大类。

2. 阅读的过程

阅读的过程也可以根据理性和情感的活动分为三个层次：获取信息、处理信息与创建信息。

（1）获取信息

读者通过文字或者符号，借助传统的或者现代的媒介载体获得的内容就是信息的获取。当然这一层次是最基础、最表层的活动，读者进行信息处理和信息创造的前提就建立在获取信息上。获取信息的意义也在于理解文本的信息并且能够诠释出来。

（2）处理信息

当读者接受了阅读的信息之后，要对信息进行处理，将有用的信息进行筛选整合，让其能够更好地获得阅读的知识。文本表达出来的意义每个读者地理解可能会有偏差，读者会在自己的脑中形成个性化的总结模型，同样，读者还要建构一个如何理解文本的更加详细的诠释。

（3）创建信息

当读者将信息处理好后会在自己的大脑中将信息进行整合和处理，然后构建成自己的信息库，在今后的认知过程中会随时将信息知识提取出来加以利用。

（四）日语阅读教学的目标和内容

1. 日语阅读教学目标

可将日语阅读目标分成三个层次，分别是一般要求、较高要求和更高要求，具体要求如下。

一般要求：

（1）基本读懂一般性体裁的日文文章，速度为每分钟 200 个单词。

（2）文章篇幅较长、低难度的材料快速阅读的速度达到每分钟 250 个单词。

（3）掌握略读和寻读的技能。

（4）针对本专业的日语教材和熟悉体裁的报刊或者文章，在词典的帮助下可以顺利阅读，并掌握中心思想，对有关细节和事实也能达到理解的程度。

（5）可以读懂工作、生活中常见的应用文。

（6）可以使用阅读方法阅读材料。

较高要求：

（1）可以看懂日本国家大众性的报纸杂志上的普通体裁的文章，速度为每分钟 250 个单词。

（2）针对篇幅较长和有一定难度的材料进行快速阅读时，速度应该达到每分钟 300 个单词。

（3）可以看懂本专业的综述性文献，了解其中心大意，可以正确抓取文章中的细节和事实。

更高要求:

（1）可以读懂高难度的文章，并了解文章大意和细节。

（2）可以阅读日本的报纸和杂志。

（3）可以顺利阅读本专业的日语文献和资料。

2. 日语阅读教学内容

日语阅读教学通常包含以下几个方面的内容:

（1）辨认单词。

（2）猜测陌生词语。

（3）理解句子之间的关系。

（4）理解句子及言语的交际意义。

（5）辨认语篇指示词语。

（6）通过衔接词理解文字各部分之间的意义关系。

（7）从文章细节中理解主题。

（8）将信息图表化。

（9）确定文章语篇的主要观点或主要信息。

（10）总结文章的主要信息。

（11）培养基本的推理技巧。

（12）培养跳读技巧。

（五）日语阅读教学的原则

1. 激发兴趣原则

学生的学习兴趣是学生开始学习的本源，所以日语教学教师一定要注意激发学生的学习兴趣。学生拥有了学习的兴趣和好奇，才能投入更多的精力和热情去研究学习问题。因此，可以说学生对阅读的兴趣度高低是阅读教学能否取得良好效果的关键因素，学生只有对阅读产生了兴趣，才能积极地投身到阅读的学习中。教师可以尝试通过改变教学的形式和手段来吸引学生的注意力，教学形式的多样化才能让阅读不再显得枯燥乏味，让学生在学习中保持新鲜感，主动去参加阅读。

2. 因材施教原则

每个学生都是独立的个体，在成长中养成了自己的个性，所以学生之间一定会存在差异，这种差异如果放到阅读上就会带来不同的阅读效果。教师在阅读教学上要时刻关注这个问题，针对每个学生的特点和学习的需求，让每个学生都掌握适合自己的阅读技巧。针对阅读成绩较差的学生，由于学生丧失学习的自信心，教师要采取鼓励的方式，提供的阅读任务要尽量简单，符合他们的基础水平，这样在他们得到阅读的成就感之后再慢慢增加难度，一点一点进步，在这个过程中教师要不吝于表扬、激励，让学生自信地开展学习。针对基础较好的学生，除了课堂上的阅读任务之外，教师也要根据他们的需求布置一些具有挑战性的任务，满足其阅读的欲望，比较好的推荐可以是一些通俗的名著读物等。教师要根据每个学生的特点，分析他们的学习情况，布置不同的学习任务，因材施教。

二、日语写作教学

（一）日语写作教学基础理论

1. 认知语言学理论

认知语言学是从美国和欧洲发源的，时间大约是 20 世纪 80 年代末。认知语言学在将近四十年的发展实践中逐步应用到外语教学中，其理论和实践不断成熟。日语教学中加入认知语言学理论和方法十分有效，尤其是写作教学。

（1）认知基本理论

认知语言学的理论主要是通过创建、学习和运用语言的方式加深对事物的认知。认知语言学的主要理论方式包括认知语法、结构式语法、认知语义学、认知语音学和神经认知语言学等。其特点可以概括为四个方面：

第一，语义是主观和客观的充分结合，语义的研究涉及人的主观看法和心理方面的因素。

第二，人的语言能力不能单独存在，必须要和一般的认知能力相结合才能发挥作用。

第三，语言中各种范畴的边界不确定。

第四，语言结构的句法部分有一定的缺点，句法和词汇、语义之间相互联系，其中语义是最重要的。

（2）认知语言学在日语写作教学中的应用

①在日语写作词汇教学中的运用。

隐喻的词汇教学应用。隐喻现象存在于所有的语言文化中，日语也不例外。为了表达得更为清晰简洁，人们习惯用一些具体的语义来表达抽象的语义，典型的有人生比作旅行，时间比作金钱等。认知语言学中予以扩张的原理由三种隐喻方式组成：比喻，将两种具有相似点的事物用其中的一个去表达另一个，在语言学习中，学生可以用母语中的事物去寻找第二语言的相似事物，这样更加方便学生记忆；转喻，两种事物有一定的相近关系，其概念有一定的联系；提喻，用一般意义表达内在意义。

基本层次范畴理论的词汇教学应用。基本层次范畴是一个什么样的概念？这种范畴其实是处在最普遍和最特殊之间的，我们可以把最普遍的范畴看成是上位范畴，最特殊的范畴看成是下位范畴。比如说，水果是一种上位范畴，那么苹果、桃子等这些就属于基本层次范畴了，而苹果中的品种红玉苹果就属于下位范畴。放到实践教学中，教师教授的顺序就是最先进行基本层次范畴的讲授，之后再根据需要向上下范畴推进，这样更加利于学生的理解，便于形成系统的印象。另外，教师也要善于总结归类，将一种范畴的物体进行总结，比如说可以分为天气、建筑、文具、食品等等。

②在日语写作语法教学中的运用

语法教学一直以来都是日语教学的重点。认知语言学认为语言的分析能力以语言的整体语感为基础，尤其是以语言的完整整体语感为目的。在日语写作教学中格助词和助动词的用法和规则是学生们普遍反映比较难的部分，这部分也是重点内容。

日语中格助词的作用就是表达抽象语法的意义，格助词本身就拥有很多义项，这些义项可以围绕原型形成一种格助词的认识网络。这个网络自然就是以原型为中心了，学生在进行学习的时候可以先从原型下手，基于原型的意思逐步扩张到每个支线的义项，这也是一种从具体到抽象的学习方式，学生也可以将这些义项进行归纳总结。采用这种学习方式进行格助词的学习可以提高效率。

助动词在日语的写作中有十分重要的地位，日语的助动词有的意义十分相似，而且数量很多，学生在学习这些意义相近的助动词时首先就要学会区分它们，这是一项比较复杂困难的任务。我们可以采用认知语言学的语法化观点来进行区分学习，学生可以先从助动词的实词意义开始学起，实词意义是比较简单的，之后再根据实词的虚化机制变成虚词，利用实词的意义来区分这些助动词，就非常简单了。

2. 图式理论

（1）图式理论概述

图式理论最早是在 1978 年提出的，经过多年的发展，这项理论也不断成熟和完善。图式理论主要是将某个特定的主题定为关键性的内容，将知识进行储备。图式指的是存在于人脑记忆中的特定的认知结构和一系列知识结构。

图式包含了三种类型，分别是语言图式、内容图式和形式图式。语言图式指的就是语言中的基础内容，即词语和语法，这些内容在阅读之前就要掌握。内容图式则是读者对文章的见解，对文章的把握。形式图式是让读者了解到自己是否掌握了这种题材。

当读者在阅读文章或者参与写作的时候，这个读者的背景知识越丰富，就更能理解文章。图式理论要求要注重背景知识的获取。

（2）大学日语写作教学与图式理论

日语写作的过程总结起来有四项，分别是收集信息、组织信息、表达信息和编辑文字完成写作，这其中正吻合图式理论的各个类型。作者在进行事物的描述之前要先对事物有一个清晰的认知，内容图式仅能帮助作者进行文化知识、语用知识以及专业知识的系统计划制订。在接下来的写作过程中，作者可能要用到形式图式里的行文和知识结构等，对文章的结构进行完善。当然最后要用到语言图式里的语言知识落实成文字。所以图式理论相当重要，写作离不开图式理论。在日语的写作教学中要将图式理论贯穿始终，提高学生的写作能力。

（二）大学日语写作教学的内容

1. 结构

（1）谋篇布局

谋篇布局也就是在写作之前学生要了解文章的体裁、写作的目的等，并对文章的结构有总体布局。对于写作来说，文章的结构是非常重要的基础性要求。因此，学生要善于掌握不同体裁的文章结构以便灵活地谋篇布局。写作时，学生还应当掌握不同体裁的文章中句子的作用，灵活使用主题句、扩展句和结论句。如果文章是说明性的，那么文章中的主题句就是用来对主体进行介绍的，扩展句就是用来说明主题的，而结论句就是用来对主题进行概括的。如果文章是议论性的，那么文章中的主题句就是用来表达作者观点的，扩展句就是用来说明原因的，而结论句就是用来对原因进行总结的。

（2）完整统一

完整统一指的是文章中的内容都是为主题、观点服务的，应当始终保持与主题、观点的同步。写文章要做到语句精炼，内容充实，这样，创作出来的文章才能给人留下深刻的印象。完整统一不但要求文章中的句子、段落等都要在文章主题的范围内，而且要求语句精炼，段落分明。

（3）和谐连贯

和谐连贯主要是指文章要富有逻辑性，主次分明。一篇好的文章需要作者反复打磨，仔细斟酌每个词语、每个句子，句子与句子之间的联系要紧密、流畅、不赘余。同时，段落之间也要紧密相连，在思想表达上循序渐进，保持文章内容的流畅。

好的文章还有一个重要的特点，就是连接词的运用非常巧妙。词汇中有很多的连接词或词组，学生应当善于运用这些词汇使句子更加顺畅。同时，恰当地使用连接词或词组也可以使作者的观念表达得更加清楚。

另外，学生在写作过程中也应当善于使用过渡词来增加语句的流畅度。当然，过渡词的使用应当合理、符合语义。

2. 句式

和其他语言一样，日语中也有很多的句式，如倒装、判断、被动等，而且这些句式在句式写作过程中可以进行变化。在平时的句式教学中，教师应当注重让学生主动分析、练习不同的句式以增强句式运用的熟练度，进而在写作中可以自如运用。

3. 选词

词汇是重要的语言表达、交流工具，任何语言的词汇都是非常丰富的，同样，日语也有着丰富的词汇。写作中的选词能够体现出一个人的爱好，与作者的写作风格有很大的关系。写作中，不同的语域对选词的要求是不一样的，因此，语域是影响选词的重要因素。另外，写作的选词还应当考虑读者的角色、年龄等其他因素。

4. 拼写与符号

拼写主要是指对日语单词的拼写，符号主要是指对日语标点符号的运用，这些都是语言学习中的基础知识。写作需要熟练掌握单词的拼写并准确使用标点符号，因此，日语写作教育中应当重视拼写和符号。在日常教学中，教师应当注重培养学生的正确拼写和符号使用习惯，在细节处展现严谨的教风、学风。

（三）日语写作教学的原则

1. 循序渐进原则

写作非一日之功，需要不断地练习才能进步。学生需要通过不同形式的训练来逐渐掌握写作技巧，进而独自写作。写作能力的培养是一个循序渐进的过程，表现在两个方面，一是从文章形式上看，文章由句子、段落组成，这就要求学生在写作时首先要进行句子写作训练，其次是段落写作训练，最后才是篇章写作训练；二是从训练内容上看，无论何种训练都是从简单的再到复杂的。

写作训练可以看作是一个获得技能然后再使用技能的过程。其中在获得技能阶段，教师可以让学生进行下面两种训练。

（1）抄写

抄写顾名思义指的就是让学生仿制其他人的文章。这个过程主要让学生养成正确的拼写和符号使用习惯，并掌握一定的语法。

（2）简单写作

简单写作指的就是让学生对某种语法进行写作。这个过程可以加深学生对语法的印象，培养语法意识。

在使用技能阶段，教师也可以让学生进行两个方面的训练。

（1）灵活协作

灵活协作指的是让学生根据一定的规则进行写作。这个过程主要培养学生句子的灵活使用能力，比如句子的扩展、合并和转换等方面的能力。

（2）表达写作

表达写作指的是让学生根据某一主题进行写作。这个过程可以培养学生的整体写作能力，让学生逐渐可以自由创作。

上面几种写作训练都遵循了循序渐进的原则。在实际教学活动中，教师可以根据学生的学习情况有针对性地安排。

2. 采取多种形式的原则

日语写作教学注重提升学生的写作技能，强调学生掌握语言的灵活性。日语写作中，同一个意思可以使用不同的句子来表达，这就需要教师在日常教学中要善于借助多种教学手段，采用不同的教学形式来指导学生学习，使学生掌握不同的写作表达技巧。

3. 改进作文评阅的方式原则

在写作教学中，教师的评阅能够对学生能力的提升起直接作用。教师在作文评阅方面应当考虑三个问题，即什么时候评、评阅的是什么和怎样评阅。如果让学生在课堂上写作，那么教师应当在学生定稿前积极与学生沟通，现场评阅，提出有针对性的意见和建议。由于课堂时间有限，教师不可能评阅得特别细致，但是要能看出学生写作的问题，提醒学生写作中应当注意的地方。课后，教师有充足的时间仔细评阅学生的作品，要从语句和总体内容上客观地评价，并提出改进写作的建议。课堂上，教师首先要将已经评阅的作文发放到学生手中，给学生一定的时间去查看自己作文的评阅内容，审视自己写作中的问题，然后教师在对评阅中出现的普遍问题给出指导性建议和解决方法。对于一些问题比较严重的作品，教师可以让学生重写。

4.范例引路原则

范例指的是在写作教学中教师可以根据写作主题选择一些比较好的文章供学生抄写、模仿。写作是一件技能与思想并重的事，有的学生能够写出很多语句，但是内容却不够生动、深入；有的学生有丰富的内容但是却无从下笔，这就是思想和技巧的不统一。模仿对于写作来说是一种非常高效地提升写作的方法，能够为学生打下良好的写作基础。当然，范例需要教师进行讲解才能让学生清楚范例的优秀之处，才能让学生有针对性地模仿。教师可以在学生写作之前提供范例，也可以在学生写作之后提供范例，但是，相对来说，课前提供范例不利于学生思维的发散，容易让学生思维禁锢在范例的框架之内。教师在学生写作之后提供范例有利于学生有针对性地进行对比，发现自己写作中的问题，以便不断巩固自己的写作技巧。

第三节　现代日语翻译教学的实施

一、日语翻译教学概述

语言是人类重要的沟通工具，但是不同地区的语言又有很大的差别，因此需要将具有相同意思的不同语言进行转换才能使不同地域的人们理解语句的内容，以保证正常的交流互动。日语翻译教学指的是对学生进行日语和汉语转换能力的教学，其中包括日语翻译成汉语和汉语翻译成日语两种。在翻译的形式上，翻译可以分为口译和笔译两种。会议传译、随从传译、联络传译是口译常用的三种类型，这三种类型是根据活动性质来区分的，其中，在会议传译中还有两种类型，分别是同声传译和交替传译。笔译主要是对一些文字作品进行翻译，这其中包括文学、期刊翻译等。口译和笔译都是为了使不同文字的相同内容能够被不同语言地区的人们所理解，这其中有一个区别，就是直译和意译。直译和意译都是比较重要的方法，在具体翻译时应当综合使用。

听、说、读、写、译是日语教学中主要的教学内容，也是基础内容。听、说、读、写可以看作是译的基础，学生只有良好地掌握听、说能力才能进行有效地口译，只有掌握读、写能力才能准确地进行笔译。同时，译又能促进听、说、读、写各方面能力的提升。语言与不同地域的文化有密切的关系，因此，教师在日常教学中应当引导学生关注日本文化、习俗等。另外，学生如果要想提升日语综合水平应当增加自己的日语阅读量。通过大量的阅读，学生可以熟悉日语的语感并了解日本文化以增强日语综合运用能力。教师也应当深入了解日本文化，提升自己的职业素养，同时，了解日本文化也是对日语教师的基本要求。这样才能将日语翻译教学内容讲透，易于学生理解。

总之，日语翻译要求学生有一定的日语文化背景，并熟练掌握听、说、读、写各种技能，是一门具有挑战性的学科。翻译有其特有的教学体系和理论体系，需要教师有较强的日语综合运用能力和教学能力，这样才能保证日语翻译教学高效、有吸引力。

二、翻译教学要点分析

（一）翻译的基础知识

翻译是一门专业性很强的学科，需要翻译人员能够灵活地运用母语和外语两种语言，对翻译人员的基本知识要求较高。翻译的基础知识包括词汇、语法等，这些知识不但包括外语方面的，也包括母语方面的。翻译者需要面对交流的双方，包括讲话者（作者）和听讲者（读者），这就需要翻译人员准确地把握双方的心理和所处环境的语言内涵，因此，翻译人员需要熟练掌握两种语言的词汇、语法。目前，有很多教师在翻译教学时比较重视对外语词汇、语法的教学，但是缺少了对本土语言词汇和语法的再教学，这是翻译教学的失误。无论何种语言的翻译，准确都是第一要求，也是基本要求，日语翻译同样如此。总之，日语翻译教学应当在注重对学生日语基础知识教学的同时加强对学生母语基础知识的教学。

（二）翻译的技巧分析

翻译作为一门转换语言的艺术，具有一定的技巧。翻译教学就是让学生在基础知识的支撑下掌握翻译的技巧。日语翻译时，学生要考虑中日文化中词汇的不同概念、感情色彩，还要考虑日语中的特殊词语，这些都需要翻译技巧。另外，学生还要掌握日语句子中的不同成分和作用，把握日语的语言习惯，充分地了解日语的句子结构和规则。翻译中还会涉及不同体裁的文章的翻译，这对学生的翻译技巧提出了更高的要求，学生首先要了解文章的写作背景、用途，其次要把握文章的内涵，然后运用翻译的技巧进行转换。

（三）把握翻译标准

翻译教学中的焦点问题就是翻译的标准。翻译标准有不同的学派和观点，有的学派提倡翻译的最佳境界是"信、达、雅"，有的学派提倡翻译应当达到"神似、化境"的状态。其实，无论何种翻译标准都是为翻译的准确服务的。日语翻译教学中，教师要分析不同学派的区别，指导学生灵活掌握不同标准从而为翻译实践服务。

（四）翻译的职业素养分析

翻译人员除了需要掌握专业的翻译理论和基础知识外，还要具有多方面的知识，涉猎不同的专业以拓展自己的知识宽度，也就是要具有很强的翻译职业素养。首先是能力素养，比如表达能力、写作能力、分析能力等等，这些能力不但需要在翻译教学课堂上培养，还需要学生在日常生活中培养。其次是职业道德，如实事求是、沉着冷静等。另外，翻译人员还必须具有较高的政治素养，如爱国主义情怀、坚定的政治立场等。对于口译人员来说，还要主张自己的仪容仪表，展现良好的精神风貌、积极的工作态度。这些都是需要在日常生活中逐渐养成的。

三、日语翻译的过程和任务

（一）日语翻译的过程

日语翻译首先要理解翻译的对象，其次是用母语将对象重新表达，最后是对翻译的内容进行检查，可以简单地概括为理解、表达和校对。

1. 理解

每篇文章或者每部书都有自己的中心思想，文章或者书中的内容都是为中心思想服务的。理解指的就是在翻译之前先要通读原文，深刻领悟原文表达的思想，这是非常重要的一步。无论是日语翻译成汉语还是汉语翻译成日语，翻译人员都要在翻译之前找准翻译对象的中心思想。如果是一字一句地翻译，那么很容易导致翻译出来的文字仅仅是在字面上与原文一致，但是无法体现原文的真正思想。

另外，翻译中还会经常遇到一些专业性比较强的文章或书籍，这就需要翻译人员具有较强的专业敏感性，在翻译之前先要了解相关的专业知识。对一些特定历史背景下的作品，翻译人员要充分了解当时特定的历史环境，如实反映当时的历史状况。对于一些风格特征比较明显的作品，翻译人员应当了解作者的相关情况，根据作者所处的环境把握作者的心理活动。这些背景、知识需要教师有意识地渗透在课堂上，更多地需要学生在生活中慢慢积累。翻译是一份需要耐心的工作，需要翻译人员具有较高的专注度。在理解阶段，翻译人员可从以下几个步骤增强对原文的理解：

（1）全篇阅读，归纳文章或书籍的主旨。

（2）了解文章或者书籍创作的历史背景。

（3）再次全篇阅读，寻找翻译难点。

（4）向专业人员请教或者查阅相关专业书籍，解决翻译难点。

（5）把握原作品风格。

2. 表达

表达指的就是翻译人员使用正确、恰当的语言把对原文的理解展示出来。这一步需要翻译人员有良好的理解基础，否则很容易造成表达的不全面、不正确。同时，想要获得良好的表达质量，还要拓展理解的深度和宽度。另外，对母语的熟练运用也是影响表达的重要方面，如果没有良好的母语表达能力，就很难发挥翻译技巧的作用，也就做不到完美地表达。

3. 校对

校对指的是对已经完成的翻译作品重新检查，保证原文意思表达的正确、合理。翻译是一项复杂、细致的任务，很难一两次就能完成。第一次翻译会形成翻译的初稿，这其中必然会有翻译不准确的地方需要翻译人员改进。有的可能不符合文字的表达习惯，有的可能不符合作品的整体风格，还有可能会有翻译遗漏，这些都需要在校对环节改正。校对也是一个非常重要的环节，这一环节可能需要反复地校对，对翻译人员的耐心是一个严峻的考验，因此，翻译人员要养成良好的心态。

（二）日语翻译教学的任务

日语翻译教学指的就是对学生翻译能力进行培养的教学。日常生活中，人们见到的翻译大多是职业化的翻译人员，一般是通过翻译工作获得一定的劳动报酬，他们通过对语言的翻译让人们以母语的方式理解外语所表达的内容。在日语翻译教学中，教学的目的主要就是为了让学生具备翻译的能力，以便在工作、生活中运用这种能力。翻译能力是一项综合能力，可以从五个方面体现出来，分别是翻译专业知识、语言外能力、资料查找能力、翻译策略和双语言运用能力。

1. 专业知识

专业知识指的是翻译作为一门学科，其本身有自己的理论体系和理论知识，比如评价标准、翻译的目的等。翻译专业知识是指导学生翻译实践的重要理论。在日语翻译教学中，教师要将专业知识讲透、讲明白，让学生真正领悟知识，做到融会贯通，可以举一些例子具体讲解。当前社会信息技术非常发达，人们可以实时了解世界上的各种新闻事件，经常需要翻译人员对国外新闻进行翻译，这其中就有很多的翻译实例。新闻类的翻译目的是为了让人们快速了解新闻事件，是一种"信息型"文本。然后通过例子引出翻译理论，如影响翻译的三个因素：文本类型、读者身份和翻译目的。举例在教学中是一种非常有效的教学手段，当然在实际教学中，教师还应当增加学生实际练习的机会以加深学生对理论的理解。

2. 语言外能力

语言外能力也可以看作是学生在翻译过程中运用其他学科知识的能力和文化能力，是一种综合学科能力，体现了学生的综合素质。翻译会遇到不同学科的文章，其中大部分专业知识都可以通过网络查询到，但是文化气息不是通过网络可以直接查询到的，需要学生在日常生活中逐渐积累和培养。语言外能力从侧面反应了学生的跨文化交际能力。

3. 查询能力

查询能力代表了学生查询所需知识的能力，主要也是因为翻译学生缺乏其他学科的专业知识，需要迅速、准确地查找相关内容。在实际教学中，教师应当尽可能地选择专业性比较强的文章让学生练习，这样能更好地训练学生查找的速度，锻炼学生的查询能力。

4. 双语能力和翻译策略能力

双语能力从字面意思上看指的就是学生运用外语和母语的能力，这对学生来说是非常重要的，也是基础能力。在日语翻译教学中，教师应当采取积极的态度和方法鼓励学生提高自己的双语能力，主要有两种方法。第一是让学生模仿先后的翻译文稿，不但要模仿翻译成品还要模仿外语原稿。如国外领导人的发言稿、新闻报道稿、演讲稿等。通过模仿，学生可以了解不同文章的写作要求、格式等，进而提升学生的翻译能力。第二是着重让学生翻译具有语言差异性的文章，提升学生的语感，使学生了解中日文化的差异。以上两种训练不但可以提升学生的双语能力，同时也可以提升学生翻译策略能力。任何语言的翻译过程都会遇到翻译难点。翻译策略能力主要体现在学生是如何解决翻译难点的和采用什么样的翻译方案以使翻译作品最能体现作者的思想，从这一点上将，翻译策略与翻译技巧是相通的。由于中日文化的差异性，在具体翻译中会遇到一些词语缺失的情况，这就需要翻译者具有良好的中日文化知识背景，以便妥善解决翻译中的词语缺失问题。在日常教学中，教师也应当加强对学生词语缺失问题的训练，锻炼学生举一反三的能力。

四、日语翻译教学的内容

（一）翻译基础理论

基础理论知识能够打开学生翻译学习的思路，为学生的翻译学习提供理论指导，让学生对翻译有一个总体、系统的认识。这是学生学习翻译的基础也是将来进行翻译工作的基础。

（二）翻译技巧

有些外文作品如果直接翻译过来会让人觉得语句不通，晦涩难读。翻译技巧就是为了提升译文的流畅度，在保持原文意思不变的同时，使用不同的手段改变原文的文字组织方式。

（三）中日语言对比

语言体现了一个地域的文化、思想、风土人情等。中日语言对比除了要比较语句、词汇等，还要比较中日文化方面的差异，使学生更好地了解日本文化，以便在翻译时更好地体现原文思想。

（四）翻译实践

翻译实践是学生根据自己掌握的知识进行翻译的过程，是学习翻译的最终目的，需要良好的翻译理论基础作为支撑。因此，翻译实践中，教师主要是指导学生如何有效、合理地运用理论。

五、日语翻译的原则

（一）层次性原则

层次性原则强调以学生为本，按照学生的认知规律进行翻译教学。学生对知识的学习是一个由浅入深的过程，因此，翻译教学要组织好教学顺序，既与学生的接受能力相符，又能体现学科知识的系统性。学习是一件需要耐心的事情，不可急于求成，教学同样如此。通常来说，日语的翻译教学有三个阶段。

第一个阶段是句法阶段。在这一阶段，学生主要学习日语的语法、句法等相关知识，为以后的翻译奠定基础。

第二个阶段是语义结构阶段。在这一阶段，教师要着重培养学生的日语语感，让学生养成日语的表达习惯。

第三个阶段是审美阶段。在这一阶段，教师要强化学生的翻译练习，尤其是翻译一些艺术感染力比较强的句子，这样能够培养学生的翻译审美能力，逐渐形成自己的翻译风格。

（二）循序渐进原则

循序渐进的原则指的是翻译教学要稳扎稳打、逐步推进。教师在选择翻译练习资料时，应当先从简单的开始，然后逐渐增加难度。同时，在翻译练习的初级阶段应当选择与学生生活比较贴近的资料，这样有利于学生的理解，同时提高学生的翻译兴趣。注重教学应当循序渐进由简单到复杂，这样能够让学生更加自信地学习，避免学生对翻译教学产生逆反心理。

（三）题材丰富原则

题材丰富原则指的是教师在翻译教学中应当使用不同题材的翻译材料，让学生掌握不同类型的文章的翻译技巧。当前，世界经济一体化的趋势没有改变，世界文化多元化发展的趋势也没有改变，各个国家的开放程度越来越大，对日语翻译人才的要求越来越多。中日文化交流越来越密切要求日语翻译人员要掌握不同体裁的文章的翻译技巧，因此，教师在教学中应当让学生对每种体裁的资料都要练习，并指出不同体裁的文章的翻译区别，加深学生对翻译知识的理解。另外，教师应当注意搜集学生在翻译过程中遇到的问题，然后在课堂上对这些问题统一进行讲解，让有问题的学生解决问题，让没有问题的学生加深印象。

（四）翻译速度与翻译质量相结合原则

翻译是一项需要耐心的工作，需要翻译人员充分考虑文章的背景和作者的心理状态才能翻译出意思完整的译文，但是，翻译工作也要求一定的翻译速度。在日常翻译工作中，有很多事情需要翻译人员快速翻译，比如，在翻译一些新闻事件时，如果没有快速、准确的翻译能力很可能就会使新闻失去时效性。因此，在平时训练中，教师应当注重培养学生的快速翻译能力。教师可以让学生在规定的时间内翻译完一定字数的文章，随着翻译训练的不断深入，逐渐增加翻译的字数。另外，教师要培养学生的时间观念，以便学生在课后练习时也能注意翻译时间。

第四章 日语教学质量提升的实践路径

日语教学在我国将近有一百年的历史，日语教学的质量也在逐步提升，现代日语教学要从教学原则、教学方法和教学资源上有所突破才能将教学质量提升上去。

第一节 现代日语教学的教学原则

一、日语教学原则的概念

日语教学原则是根据日语教育目的及教学规律制订的指导日语教学工作的基本要求，也是指导日语教学活动的一般原理。

日语教学原则制订的客观依据主要包括以下几个方面。

（一）教学原则来自教学经验的总结和提升

在长期的日语教学工作中，总会不断探索出一些成功的经验或失败的教训，反复认识这些经验教训，不断深化，由感性认识上升到理性认识，再经过概括、抽象就可以提炼成为教学原则。比如"听、说领先，读、写跟上"。当然，先哲们自古以来提出的"学而时习之""因材施教""教学相长"等教学原则同样适用于日语教学。这些教学原则是从教学实践中总结归纳的，其又反过来指导着教学实践。

（二）教学原则反映教学规律

古今中外，尽管各级、各类的教育活动有很大差异，但作为一种认识过程都存在着共同的、不以人主观意志为转移的客观规律。从实践中总结归纳的教学原则之所以被广泛采纳，是因为它们符合教学规律。

教学原则是教育者根据主观判断提出来的，它受到人们对客观规律认识的制约，越符合客观规律就越会被长期使用。当然，教学原则也会随着时代的变迁有所变更，并留下时代的印迹。我国自 1949 年以来，在一段时间内受苏联教育思想影响很大。苏联教育家凯洛夫总结了 20 世纪 20 年代的经验教训，根据 20 世纪 30 年代的时代要求提出的直观性原则、自觉性与积极性原则、巩固性原则、系统性与连贯性原则、通俗性与可接受性原则。20 世纪 70 年代，巴班斯基从四个方面提出的九个教学原则（从教学目的方面提出的教学方向性原则，从教学内容方面提出的教学与共产主义建设实际相联系原则、科学性原则、系统性原则、连贯性原则、可接受性原则，从选择教学形式和方法方面提出的全班教学、小组教学与个别教学合理结合原则，口头教学、直接教学、实践教学、再造性教学和探索性教学及其他教学方法合理结合的原则，从分析教学效果方面提出的教学的教养效果和教育效果统一的原则）都对我国各学科制订教学原则产生过很大影响。但教学原则不是僵化不变的，随着社会和教育事业的发展，我国自主制订的教学原则也在不断发展完善。

（三）教学原则受教学目的的制约

任何教学原则的提出都应服从一定的教育目的。我国是社会主义国家，育人目的是让学生在德、智、体、美等方面都得到发展，成为社会主义现代化建设的有用之才。在这样的教育目的指导下，教学原则中必须包括促进学生全面发展、理论联系实际等内容。注重培养创造性、因材施教等内容也从不同侧面体现出社会主义教育目的的要求和教育工作的基本方向。

（四）教学原则与教学规律和教学原理的关系

日语教学原则与日语教学规律和日语教学原理相关，但它们的范畴并不相同。日语教学规律是客观存在的，它可能会被我们意识到，也可能不被我们所意识。日语教学原理是教育研究者归纳和表述的日语教学规律。

教学原理的任务及特点在于说明教学规律，而日语教学原则与日语教学原理最大的不同在于，它在反映日语教学规律时，带有明确的目的性和实践性。日语教学原则要从教学原理中得出付诸实施的行动要求。如果日语教学目的和教学实践的需求不同，依据同一条教学规律，可能会得出不同的教学原则。比如，"教学永远具有教育性"是客观的教学规律，但在不同社会、不同阶级提出的教学原则是不一样的。

日语教学原则对日语教学规律的反映也不是直接的，而是通过教学原理来反映的，即教学原则对教学规律的反映直接取决于研究者对教学规律的主观认识。由于主观上对客观教学规律的认识不同，在同一条规律面前就可能提出不同的教学原则。比如，"日语教学中理论和实践具有辩证关系"是一条客观存在的规律，据此既可以根据马克思主义的教学原理提出理论联系实际的教学原则，也可以根据杜威的主观经验论或实用主义教学论，提出"在做中学"的教学原则。

因此，教学原则、教学原理、教学规律有时是彼此符合乃至重合的。我们提出的一些教学原则，如思想性和科学性统一原则、理论联系实际原则，这些既可以看作是教学原则，又可以看成是教学原理，还可以视作教学规律。但是，它们毕竟不是同一个东西，只是在某一场合下，教育目的、教学目的，对教学客观规律的认识与客观规律取得或基本上取得一致。事实上这样的情况很少，大部分的情况下它们是互不一致的。

所谓互不一致，是说教学原则、教学原理、教学规律这三者不是一条教学原则对应一条教学规律，而往往是一条教学原则反映多条教学规律，或一条教学规律反映在多条教学原则上。例如，"系统性原则"综合反映教学须与日语知识本身逻辑相适应的规律、与学生知识和智力及其认知结构发展相适应的规律等；"直观性原则"综合反映出日语教学中，词与事物或形象相互作用的规律、日语理论知识与感性认识密切相关的规律、学生思维发展的一般规律等。又如，学生在日语教学中主要掌握的是间接经验的规律，教师主要掌握的是指导的规律等，这些规律几乎都贯穿在各个教学原则中。

总之，教学原则、教学规律、教学原理之间既有联系，又有区别，不能混淆。

（五）教学原则需要一个完整的体系

日语教学原则对教学工作具有指导作用，但这种作用并不是某一项教学原则能够发挥和完成的，需要建立一个完整、有机的教学原则体系，才能对日语教学过程及教学活动的各个环节发挥指导作用。如何建立一个完整、有机的日语教学原则体系？至今尚无研究成果问世。从教育理论界来看，学者对这个问题的看法并不一致。主要是因为论述的出发点不同，有的侧重心理学方面，有的侧重教育史或社会学方面，还有的从控制论的角度加以论述。

建立教学原则体系需要注意哪几点呢？

（1）由于教学原则是用于指导教学的，因此教学原则应该是具体的，而不是抽象的。

（2）确定一个合理的统一视角、划分基础或标准有利于建立日语学科教学原则体系。

（3）应全面理解和认识日语教学过程及其中涉及的各种矛盾之间的关系。

二、我国基础教育阶段的日语教学原则

日语教学是学科教学的一部分，教学原则体系的建立不能脱离一般教学论，当然也要有日语学科自己的特点。中华人民共和国成立之初，日语教育基本处于停滞状态。1972 年中日邦交恢复正常，两国交往日益频繁，日语教育也从自发兴起到逐步走上正轨。鉴于日语教学的实际情况，这里仅以 1982 年以来颁布的基础教育阶段日语教学大纲、课程标准为例，分析和归纳日语教学原则。

（一）《中学日语教学纲要》中的教学原则

《中学日语教学纲要》是 1982 年 12 月，由教育部颁布、人民教育出版社出版的基础教育阶段的指导性文件。从此，日语成为我国中学外语课程开设的语种之一。其中，列出了以下教学原则。

（1）日语教学要注意研究总结中国学生学习日语的规律，提高教学效率，使学生循序渐进地学到合乎规范的日语。入门阶段教学，应安排简单的句式，选用日常生活中最常用的词汇和学生所熟悉的题材。随着学生语言能力的提高，选材范围应该逐步扩大，要选择一些浅易的和经过改写的原著以及科学文化、历史地理等知识性的文章，还要有一些反映日本风俗习惯的内容。选材要注意思想性、科学性，还要注意多样性、趣味性和实用性。

（2）中学日语教学应重视培养学生实际运用日语的能力。要讲授一些必要的知识和有关的规则及用法，但是必须处理好语音、词汇、语法知识和语言实践的关系。一般说来，教一个新的语言项目时，应从口头适量的练习开始，在学生对这个项目有了一定感性认识的时候，再进行简要的归纳讲解，效果会比较好。如果练习充分，归纳得法，还能进一步有效地指导语言实践。当然，这也并不完全排除在教某些语言项目时先扼要地做一些说明引导，然后再进行口头练习的可能。

教师要想方设法帮助学生开展课外的日语活动，为学生多创造语言实践的环境，使学生生动活泼地学习。

从上述内容可以看出，这份日语教学纲要从总结规律提高效率，重视培养实际运用日语的能力，全面进行听、说、读、写训练和发挥教师主导作用等几个方

面提出了中学日语教学要求。其中，在总结日语教学规律提高效率时从选材角度提到了"思想性、科学性、多样性、趣味性、实用性"的原则；在培养日语运用能力方面提出"处理好语音、词汇、语法知识和语言实践的关系"等原则；在技能训练方面，提出初中阶段"从听、说训练入手，以听、说训练为主，适当兼顾读、写训练，并使之与听、说训练相互为用"，高中阶段"侧重进行读、写训练，培养阅读理解能力，同时继续进行听、说和写的训练"等原则；同时，提出发挥教师主导作用的原则。

从这些原则可以看出，20世纪80年代的日语教学非常注重日语教学中的选材；重视从听、说入手开展语言技能的全面训练，更侧重阅读能力的培养；重视日语教学中教师的主导作用。

（二）《全日制中学日语教学大纲》中的教学原则

《全日制中学日语教学大纲》是在上述纲要的基础上，根据国家教学计划制订的，是中华人民共和国成立后第一部中学日语教学大纲。这个大纲确立了日语在中学课程设置中的地位，于1986年12月由国家教委颁布实施。

这个大纲中提出了以下教学原则：

（1）尊重语言教学规律，思想教育寓于语言教学之中；

（2）精讲语言基础知识，更好地培养运用语言的能力；

（3）综合训练，阶段侧重；

（4）教学中尽量使用日语，适当利用母语；

（5）发挥教师的主导作用，调动学生的积极性；

（6）直观教学、电化教学和外语环境。

大纲对上述教学原则做了进一步阐述，这里不再赘述。从整体上看，这个日语教学大纲的教学原则比《中学日语教学纲要》更加清晰，从思想教育、语言知识和技能训练、教学方法、教学策略和教学资源、教学环境等方面形成一定的体系。

在思想教育方面，强调将思想教育渗透到教材和教学之中；语言知识讲解不要求全面、系统，提倡精讲多练，虽然要求技能的全面训练，但初中阶段以听、说为主，高中阶段侧重培养阅读理解能力的原则没有变化；教学方法上提出尽量采用日语讲解，少用或基本不用母语，同时指出两种语言的异同，发挥母语的正迁移作用；在教学策略上依然强调教师的主导作用，同时关注了学生积极性的调动，提出教师要及时鼓励学生的进步，对有困难的学生要热忱、耐心地帮助；在教学资源方面强调利用直观教具（实物、模型和图片），包括表情和动作等创造外语环境，帮助学生在语言和实物、动作、情景之间建立联系，通过开展适合学生语言水平和年龄特点的课外活动增加语言实践机会。这些反映出日语教学原则随着时代发展产生的一些变化。

1990 年，国家教委对《现行普通高中教学计划的调整意见》（教基〔1990〕004 号文件），做了修订并发行第二版，即《全日制中学日语教学大纲（修订本）》，这个版本在教学原则方面没有变化。

（三）《九年义务教育全日制初级中学日语教学大纲》中的教学原则

这个大纲与各学科义务教育教学大纲一样，经过初审稿、试用版两个阶段。《九年制义务教育全日制初级中学日语教学大纲（初审稿）》是以《中华人民共和国义务教育法》和 1988 年 9 月颁布的《义务教育全日制小学、初级中学教学计划（试行草案）》为依据，以 1986 年颁布的《全日制中学日语教学大纲》为基础制订，于 1988 年 5 月出版的。与以往相比，这个大纲没有"教学原则"项目，改以"教学中应该注意的几个问题"的形式对教学提出要求，包括以下几个方面：

（1）寓思想教育于语言教学之中；

（2）重视言语实践；

（3）正确对待本族语；

（4）培养学习兴趣与自觉性；

（5）加强视听觉直观教学；

（6）从实际出发改进教学方法；

（7）注意发展智力。

大纲中对上述条目做了进一步阐述。不难看出，这些条目是针对日语教学中实际存在的问题提出的改进措施。与 1986 年的《全日制中学日语教学大纲》相比，有了一些改变：该大纲强调语言的工具性，更加重视言语实践；由于日语在汉字及汉字词上与汉语有相同或相近之处，可以触类旁通，建议采用与少数民族语言地区同样的教学原则，但尽可能少用本族语；强调培养学生的兴趣是日语教学取得成效的重要心理因素，适当引导学生认识日语规律及与本族语的差异，不局限于课堂，提供更多的言语活动机会；强调教学不能整齐划一，在吸收教学法方面要博采众长，发挥各自优势；促进学生发展智力、观察力、注意力、记忆力和逻辑思维能力，提高学生对日语的感知力和运用能力等。

根据 1991 年 9 月国家教委颁布的《义务教育全日制小学、初级中学教学计划（试行草案修改稿）》，对上述初审稿做了修订，颁发了《九年义务教育全日制初级中学日语教学大纲（试用）》，其中对"教学中应该注意的几个问题"的修改不大，主要是将"本族语"改为"母语"，去掉了"加强视听觉直观教学"中的"直观"二字，压缩了"注意发展智力"的内容，增加了第8项"测试"，提出日常考查和结业考查两种方式，测试以考查综合运用语言知识进行交际的能力为主，等等。

1994年7月，国家教委颁布《义务教育全日制小学、初级中学"六·三"学制课程设置的调整意见》，大纲试用版又做了部分调整，于1995年6月发行《九年义务教育全日制初级中学日语教学大纲（试用）》第2版，上述"教学中应该注意的几个问题"内容不变。

（四）《全日制普通高级中学日语教学大纲》中的教学原则

《全日制普通高级中学日语教学大纲》经历了"供试验用"和"试验修订版"两个阶段。《全日制普通高级中学日语教学大纲（供试验用）》根据国家教委《全日制普通高级中学课程计划（试验）》，在《全日制中学日语教学大纲（修订本）》的基础上编订而成，于1996年5月出版。与《九年义务教育全日制初级中学日语教学大纲》一样，也没有出现"教学原则"字样，而以"教学中应注意的几个问题"对教学提出要求，包括以下几个方面：

（1）寓思想教育于语言教学之中；

（2）着重培养学生用日语交际的能力；

（3）进行听、说、读、写综合训练，侧重培养阅读能力；

（4）教学中尽量使用日语，适当利用母语；

（5）正确处理语言教学和文化的关系；

（6）发挥教师的指导作用，充分调动学生的学习主动性和积极性；

（7）积极开展课外活动；

（8）充分利用直观教具和电化教学手段，创造日语学习环境。

与以往的日语教学大纲和上述义务教育阶段日语教学大纲相比，突出的变化是强调"培养学生用日语交际的能力"和"正确处理语言和文化的关系"。

在培养交际能力方面，力图改变以传授语法为主的教学方式，在日语教学中贯彻交际教学思想。要求在全面发展听、说、读、写技能的基础上，提高运用日语交际的能力。

在语言教学与文化的关系方面，明确指出语言是文化的重要载体，二者关系密不可分。这样的阐述在日语教学大纲中首次出现，与贯彻交际教学思想不无关系。要学好外语就必须了解所学语言国家的社会文化，否则就难以正确理解对方语言的意思和准确表达自己的思想。这一点与教学目的中增加的对文化视野和文化素质的阐述相呼应，旨在培养学生在学习语言和了解别国社会文化发展的思维能力，让学生加深对本国、本民族文化的理解，达到提高学生文化素质的目的。

2000 年 10 月，教育部根据基础教育司《全日制普通高级中学课程计划（试验修订稿）》，颁发《全日制普通高级中学日语教学大纲（试验修订版）》，其中对"教学中应注意的几个问题"做出以下调整：

（1）树立符合素质教育精神的日语教育观；

（2）处理好语言知识和语言运用的关系，培养学生用日语进行交际的能力；

（3）听、说、读、写综合运用，侧重培养阅读理解能力；

（4）尽量使用日语，适当利用母语；

（5）处理好语言和文化的关系；

（6）确立学生的主体地位，发挥教师的指导作用；

（7）提高课堂教学质量，积极开展课外活动。

（8）积极使用现代教育技术，广泛利用和开发各种教育资源。

从以上内容可以看出，除了文字上的调整，最突出的变化体现在第（1）和第（6）点。

第（1）点反映了时代的需求。进入 21 世纪，知识经济已见端倪，世界范围内的科技竞争、经济竞争，尤其是人才竞争日趋激烈，国力的强弱越来越取决于劳动者素质的高低，取决于各类人才质量的高低和数量的多少。为此，要加强高素质人才的培养。基础教育是国民素质教育的奠基工程。同时，素质教育不是某个学科能够完成的，需要贯彻到教育领域的方方面面，而实施素质教育有一个观念转变的过程。这就不难理解，为什么在日语教学大纲中提出要树立符合素质教育精神的日语教育观这个问题了。

第（6）点体现的突出变化是提出"确立学生的主体地位"。这与 20 世纪 80 年代的"重视教师在教学中的主导作用"形成鲜明对比。它反映出学生是学习的主体，唱响了 21 世纪教育的主旋律。虽然我国自古就有"授之以鱼，不如授之以渔"的教育思想，教育家叶圣陶先生也曾说过"教是为了不需要教"。然而长期以来，"教师一言堂"的现象比比皆是，学生只能被动地听，死记硬背。

自 20 世纪 80 年代起，中学日语教学的轨迹逐渐从重视教师的"教"向顾及教和学双方，再向重视学生的"学"的方向转化。到了 21 世纪，基础教育改革在方向上确立了学生是学习的主体，教师为学而教的理念，教学工作把以"教"为重心转移到以"学"为重心，由"主导"转为"指导"，把以"研究教法"为重心逐渐转变为"研究学法"为重心。总之，要让学生爱学习，学会学习，养成良好的学习习惯，让更多的学生参与到学习活动中来，成为认识和学习的主体。

（五）《全日制义务教育日语课程标准》中的教学原则

全日制义务教育日语课程标准经历了实验稿和正式版（2011年版）两个阶段。《全日制义务教育日语课程标准（实验稿）》是依据《基础教育课程改革纲要（试行）》，在现状调查研究、国际比较研究的基础上研制的，于2001年7月出版。这个课程标准中没有出现"教学原则"字样，而以"实施建议"的形式对教学提出要求。实施建议包括教学建议、评价建议、课程资源的开发与利用和教材的编写与使用四个部分。

教学建议分为教学注意事项、内容标准的教学指导建议和教学案例三部分。教学注意事项包括以下四项：

（1）开展活动教学，发展综合语言运用能力；

（2）营造接近实际的语言环境，培养得体地运用日语交际的能力；

（3）加强学习策略指导，为学生的终身学习奠定基础；

（4）科学安排课时，提高教学效果。

其突出的变化是提倡活动教学、提出营造接近实际的语言环境、加强学习策略指导。

开展活动教学与确立学生是学习主体密切相关，要求教师根据学生身心发展的程度和特点为学生设置日语情境，引导学生凭自己的能力参与阅读、讨论、会话、汇报等。活动教学的特点就是学生不再像以往那样被动地听，而是通过听觉、视觉、空间知觉、触觉等参与到实际日语活动中，不仅获取日语知识、日语技能，还要在情感态度、文化素养和学习策略等方面有所发展，形成综合语言运用能力。

营造接近实际的语言环境与开展言语活动密切相关，在中国学习日语最缺乏的就是语言环境，所以要想办法让学生在模拟的、接近实际的语言环境中开展学习。同时，语言交际离不开理解和表达，虽然它们属于交际过程的不同阶段，但都受制于语言环境。例如，同样一句话，在这个场合由这个人说出，与在另外一个场合由同一个人说出，表达的意思可能不同；同样一个意思，在这个场合对这个对象说，与同样在这个场合对另外一个对象说，使用的语句也可能不同。另一方面，在口语交际中，在能够看到对方的情况下，加上一些辅助性的非语言行为，如表情、手势、态度、语调等，要达到相互理解比较容易。营造语境并在其中学习日语，是为了让学生学会在合适的场合对合适的人说出合适的话，让学生明白只有做到表达得体，才能使交际顺利进行。

学习策略这个词在以往的教学大纲中从未出现，这个课程标准中强调学习策略与培养学习能力密切相关。随着社会进步和科技发展，特别是进入 21 世纪，被称为"知识爆炸"或"信息爆炸"的时代向我们走来，科学技术日新月异，新知识、新成果层出不穷。在这种知识大爆炸的时代，自主学习能力是人们必须掌握的。有了自主学习能力，才能更快地学习新知识，紧跟时代步伐，适应社会发展。而学习策略是提高学生学习能力的有效手段。掌握了学习策略，学生就掌握了学会学习的锐利武器，为终身学习提供了有力保障，打下了坚实基础。

内容标准的教学指导建议包括对语言知识（语音教学、词汇教学、语法教学）、语言技能（听、说、读、写）、文化素养（文化背景知识、日语言语行为特征和非言语行为特征）、情感态度（兴趣、动机、自信、意志、合作精神、祖国意识和国际视野）、学习策略（认知策略、调控策略、资源策略和交际策略）的教学指导建议。其中蕴含着一些教学原则，例如，"避免孤立地讲解某一个词，引导学生注意词语搭配、功能和语用条件""课堂教学以学生的活动和练习为主，教师讲解的时间总体上不宜超过学生活动和练习的时间"，文化素养的教学、情感态度的教学"应该贯穿语言教学与实践活动的始终"，学习策略教学"应结合日语的特点，指导学生有意识地形成适合自己特点的学习策略"；等等。

教学案例给出了词汇教学、听力教学、会话教学，促进听、说、读、写四种技能互动教学，语言知识与文化背景相结合、在情景和集体活动中学习语法、看图讲故事等教学活动的实例，这里不做论述。

评价建议分为评价注意事项和评价案例两部分。评价注意事项包括以下八项：

（1）评价主体多元化，促进学生健康发展；

（2）评价方式多样化，评价目标多层次；

（3）注重形成性评价对学生发展的作用；

（4）终结性评价重在考查学生综合语言运用的能力；

（5）单项评价与综合评价要相得益彰，重视综合评价；

（6）注意及时反馈评价结果，调控教学过程；

（7）合理、恰当地使用评价手段，注重实效；

（8）评价要以标准所规定的课程目标为依据。

教学评价是教学整体的一个重要环节。然而多年来，评价基本上局限在期中考试、期末考试、结业时老师给的评语等，而以上内容提出了过去大纲中不曾有的说法，从多视角、多方面对评价展开叙述。这与基础教育课程改革的目标之一"改革课程评价过分强调评价的甄别与选拔功能，发挥评价促进学生发展、教师提高和改进教学实践的功能"相关联。这里不仅提出评价主体多元化、评价方式多样化、评价目标多层次，还提出形成性评价和终结性评价、单项评价和综合评价要相得益彰，形成浑然一体的态势。这对不同个性、不同水平的学生了解自己，通过反思调节和改进自己来发展自评能力非常有利。

实施建议的第三项是"课程资源的开发与利用"，合理利用和积极开发课程资源是日语教学的重要组成部分。教科书是日语课程资源的核心部分，但仅有教科书还不够，报纸杂志、广播影视、录音录像、直观教具和网络都可以成为学习资源，学校里的电视机、计算机、VCD播放器、DVD播放器等设备越来越齐全，发挥的作用也越来越大。鉴于客观实际状况的改变，这一项里蕴含的教学原则是尽可能多地使学生从不同渠道、以不同形式获取日语信息，接触和学习日语，亲身感受和直接体验日语、运用日语。信息技术的进步和互联网的发展，提供了广泛的知识和信息来源，为学生的个性化学习和自主学习创造了有利条件。学校和教师可以根据当地的经济水平及学生家长的经济承受能力，开发多层次、多类型的日语课程资源，满足不同需求；同时也要充分利用现有资源，适时更新和补充，避免课程资源的闲置和浪费。

"教材的编写与使用"也是实施建议的一部分。以往教学大纲的教学原则部分也提到教材编写，如入门阶段教材要"选用日常生活中最常用的词汇和学生所熟悉的题材。随着学生语言能力的提高，选材范围应该逐步扩大，要选择一些浅易的和经过改写的原著以及科学文化、历史地理等知识性的文章，还要有一些反映日本风俗习惯的内容。选材要注意思想性、科学性，还要注意多样性、趣味性和实用性。"这个课程标准针对教材编写和使用进行了详细阐述，有八条之多，涉及设定话题、选择地道的有时代感的语言材料、设计以学生为主体并接近实际的教学活动、从易到难、由简到繁、重视信息技术等现代科技对内容的影响、教材品种多样化等内容。

上述四个方面的实施建议是为保证课程标准制订的课程目标和内容能够具体落实到教学实际而提出的。以往的教学大纲，重点在阐述教学目的、教学目标或要求、教学内容，提出教学中应该注意的问题等。课程标准的实施建议不仅提出要求和建议，还提供具体的案例，使实施建议部分的文字数量超出从前言、课程目标到内容标准部分的字数约一倍，这是以往教学大纲中不曾出现过的。

《全日制义务教育日语课程标准（实验稿）》投入实验 10 年后，《义务教育日语课程标准（2011 年版）》于 2012 年初正式出版，其中对实施建议部分也做了修改。虽然还是四个部分，但顺序上有所调整，改为教学建议、评价建议、教材编写建议和课程资源开发与利用建议。从条目内容上看，增加了"更新教学观念"和"实现日语课堂教学公平"。这是针对课程改革实验过程中出现的问题提出的。长期以来，教师传授、学生接受的单一教学模式相当稳定，很难一下子改变。教师要从知识的传授者转变为学生学习的促进者、指导者、组织者、帮助者、参与者和合作者，不在根本上转变教学观念这样的转变是无法实现的。所以，更新教师的教学观念成为改革能否成功的大问题。"实现日语课堂教学公平"，强调教师应尊重每个学生享有的平等受教育权利和发展机会，从高度的工作责任心和社会责任感出发，根据学生的不同特点采取适合其个性发展的教学方式或方法。

评价建议由原来的两项改为与教学建议相同的注意事项、具体建议和评价案例 3 项。其中注意事项仍旧是 8 条。增加了"实现公平、公正的评价"，这与教学建议部分注意事项中的"实现日语课堂教学公平"相辅相成。评价部分增加的具体建议与教学部分的具体建议相应，也从语言知识、语言技能、文化素养、情感态度和学习策略五个部分提出评价建议，评价案例的处理与教学建议部分相同。

"教材编写建议"与原来相比，不仅顺序上提前了，而且参照 2003 年出版的《普通高中日语课程标准（实验）》对其内容做了调整，将原来的八条建议改为四条"编写原则"，删除了有关"教材使用"的内容。这四条编写原则是思想性原则、科学性原则、趣味性原则、灵活性原则。

"课程资源开发与利用建议"的整体表述也参照《普通高中日语课程标准（实验）》做了调整，提出日语课程资源包括有形资源和无形资源的观点，将大段陈述归纳为以下三条建议：

（1）努力配备硬件，充分利用设施；

（2）积极开发课件，有效利用现代科技手段；

（3）挖掘无形资源，鼓励资源共享。

其中特别强调有效利用现代科技手段、挖掘无形资源和防止现有设施的闲置和浪费等。

（六）《普通高中日语课程标准》中的教学原则

《普通高中日语课程标准》经历了实验和正式版两个阶段。《普通高中日语课程标准（实验）》依据《普通高中课程方案（实验）》，在现状调查研究、国际比较研究的基础上，在与义务教育日语课程标准框架保持基本一致的情况下研制的，于 2003 年 4 月出版。与义务教育阶段同样，标准中没有出现"教学原则"字样，而以"实施建议"的形式对教学提出要求。实施建议包括教学建议、评价建议、教科书的编写、课程资源的利用与开发四个部分。

教学建议包括教学注意事项、内容标准的教学指导建议和教学案例。教学注意事项包括以下 5 项：

（1）更新教学观念，与新课程同步发展；

（2）为学生终身发展奠定共同基础；

（3）提供多种选择，加强对选修课的指导和实施；

（4）开展活动教学，营造接近实际的语言环境；

（5）加强学习策略指导。

上述注意事项中，提倡活动教学、营造接近实际的语言环境及加强学习策略指导的内容与义务教育阶段相同，其他条目则有差别。这里仅就有差别的条目加以分析。

《普通高中日语课程标准（实验）》把更新教学观念提到了重要位置。鉴于《全日制义务教育日语课程标准（实验稿）》颁布以后的实施状况，观点，将大段陈述归纳为以下三条建议：

（1）努力配备硬件，充分利用设施；

（2）积极开发课件，有效利用现代科技手段；

（3）挖掘无形资源，鼓励资源共享。

其中特别强调有效利用现代科技手段、挖掘无形资源和防止现有设施的闲置和浪费等。

同时受到历史的局限，且高中阶段的日语教学尚未摆脱"高考指挥棒"的困扰，实施过程中仍有重语法、轻技能，重知识灌输、轻能力培养等现象。教师不更新教学观念就不能适应新时代的要求，跟不上课程改革的步伐。为了进一步推进课程改革，要求日语教师更新教学观念成为必然。所谓更新观念，最重要的是树立符合学生发展需求的教学观。

高中阶段的教学任务仍旧是打基础。课程标准规定了必修课程和选修课程，其中必修课程是对所有高中生的基本要求，是为每个学日语的学生奠定综合语言运用能力的共同基础，应着重培养学生探究日语知识，用日语获取、处理和传递信息的能力。

同时，高中课程的选修部分为学生提供了多样化选择的余地和发展个性的空间。所以学校和教师要让学生充分了解选修课的内容和特点，帮助学生自主选课，满足学生的学习需求，进而让学生学会规划自己的人生。

评价建议与义务教育课程标准相同，分为评价注意事项和评价案例，其中案例有所不同。评价注意事项与义务教育课程标准基本相同，只是增加了"评价应体现必修课和选修课的不同特点"，要求必修课评价立足于共同基础，选修课评价注重差异性和多样性，突破传统、刻板的评价模式，探索生动活泼、灵活多样的评价方式，等等。

教科书的编写建议首次提出：为学生学习而设计，使学生主动参与教学的全过程，改善学习方式，提高自主学习能力。同时确立了日语教科书编写四原则：思想性原则、科学性原则、趣味性原则和灵活性原则。这些原则在义务教育日语课程标准修订时予以采纳。

课程资源的利用与开发主要分为三个部分：能力配备硬件，充分利用设施；积极开发课件，有效利用网络；挖掘无形资源，鼓励资源共享。这些条目在义务教育日语课程标准修订时也予以采纳，并进一步做了调整。

时隔多年，普通高中日语课程标准也在实验的基础上修订了。与以往不同，《普通高中日语课程标准（2017年版）》在实施建议部分提出了"教学与评价的基本原则"，主要有以下几项：

（1）日语学科核心素养的培养要贯穿教学与评价的全过程；

（2）教学与评价要有利于日语实践活动的开展；

（3）教学与评价的情境设计要突出问题导向；

（4）教学与评价的设计要保持目标一致；

（5）教学与评价要注重多元化；

（6）教学与评价要合理运用信息通信技术。

基本原则包括核心素养的培养、日语实践活动、情境设计、目标的一致性、注重多元化和运用信息通信技术六个方面，每一条原则都有具体说明。然后在上述原则下又进一步提出了教学与评价建议，包括日语实践活动实施建议和日语实践活动的评价实施建议。与以往的教学大纲或课程标准只有教学注意事项或教学建议等内容相比，《普通高中日语课程标准（2017年版）》的教学和评价原则更加明确了，只是这些原则是基于教学与评价联动的视角提出的，所以与一般意义上的教学原则并不一样。

三、高等日语教学的原则

（一）以提高学生综合素质为目标

学生的综合素质包含很多方面，主要表现为学生在某些活动中表现出的生理、心理、专业等方面的水平。综合素质受先天和后天因素的影响，其中后天因素的影响最大。生理素质主要是指学生身体方面的素质，指学生要拥有一个健康的体魄。心理素质主要包括学生的思维、情绪等方面的素质，同时也包括学生思想、道德、文化等方面的素质。专业素质指的是学生专业水平、社会认知等。当然，综合素质还包括很多其他方面等，如卫生、体育等方面。

日语教学也要以提升学生的综合素质为重要的教学目标，不但要提升学生专业方面的知识，而且要注重培养学生的文化、思想、道德等素质，培养学生正确的人生观、世界观和价值观。

（二）有效激发学生学习动机

现代高校教学强调以学生为本，注重对学生的引导和启发。在教学过程中，教师是学生学习的引导者，应当发挥积极有效的引导作用。教师应能够凭借自己丰富的教学经验和理论知识引导学生掌握正确的学习方法，避免学生在学习上走弯路；同时，教师在引导教学的过程中应当注重激发学生的学习兴趣，使学生以积极主动的心态学习日语，找到学习的乐趣，为学生提供学习动力。

学生的学习动机可以为学生的学习活动提供源源不断的动力，是学生可以不断学习、进步的内在原因。学生的学习动机有很多方面，一是学习需要，指的是学生必须通过学习提高自己以实现自己的理想、适合的社会工作等；二是学习习惯，指的是学生已经养成了良好的学习习惯，喜欢学习和接受新的知识；三是学习目标，指的是学生有明确的学习方向和要求，这也是学生的学习动机中最重要的方面。

（三）教师指导和学生自觉学习相结合

传统的教学是以教师为主体的教学，主要是通过教师的"讲"和学生的"听"来传递知识，不利于培养学生学习的主动性。教师指导和学生自觉学习相结合有利于培养学生的学习能力，使学生树立终身学习的意识。

教学过程是教师与学生的互动过程，需要教师的指导。这是因为，第一，国家的教育政策、方针、路线需要教师来具体执行，这样才能培养符合国家需要的建设者和接班人；第二，教育是一项有组织的育人活动，在这一活动中，教师的影响大于教材，在学生学习和成长过程中有着非常重要的指引作用。第三，教师具有丰富的教学经验和完善的专业知识，能够通过自己专业知识和教学方法让学生快速、有效地掌握知识，使学生的学习取得事半功倍的效果。

在教育过程中，学生参与的积极性也是影响教学效果的重要因素。教师要转变传统的教学观念，以学生为本进行教学，在把握整体教学方向的同时培养学生增强自主学习意识，让学生主动思考、主动学习、培养学习兴趣。在这一过程中，教师扮演的是指导者角色，但是同时也主导着教学活动的开展。

在学习活动中，学生是学习的主要参与者。只有学生主动自觉地学习才是高效的学习。因此，教师要在做好指导工作的前提下，鼓励学生自觉学习并养成自觉学习的意识。

（四）处理好汉语和日语的关系

外语教育是在本土母语的环境中对学生进行其他语言教育的活动，目前，人们对外语教学活动中应当使用的语言有两种观点，第一种是翻译教学，第二种是直接教学。翻译法指的是在教学过程中尽量使用母语来引导教学；直接教学指的是在教学过程中完全使用外语。对于日语教育来说，教师只有正确地处理汉语和日语的关系，才能保证教学质量和教学效果。

语言具有明显的民族特征，与民族的特点、文化观念有直接的关系。如果按照语言学的分类方法对汉语和日语进行分类，那么汉语和日语虽然在字形上略有相似之处却属于不同的语系。汉语是汉藏语系中的语言，有自己语言的声调，另外语言中包含很多分析语。汉字作为汉语交流中唯一的文字工具不仅是一种意音文字而且是一种表音文字。日语和朝鲜语、琉球语、蒙古语等都属于黏着语。黏着语中的句子大部分是由词语和语法成分结合而成，当然，这种结合也不是特别紧密。对于日语的语系划分来说，学术界始终有不同的观点，主要观点有三种，第一种认为日语应当属于阿尔泰语系，第二种认为日语应当属于扶余语系、南岛语系，第三种认为日语自成语系。

从语系的划分来看，日语和汉语是完全不同的。但是，中日两国有着很长的交流史，中国汉字的发展对日语文字的产生有很大的影响。从两国文字的产生与发展方面讲，汉语和日语又有很多共同点。日语教学中，教师要培养学生的日语思维，引导学生用日语的角度看待问题。两国语言具有一定的共性，这种共性对学生的日语学习会造成一定的影响，其中有正面、积极的影响，也有负面、消极的影响。教师在日常教学中要将母语对日语学习的负面影响降到最低，积极利用正面的影响，妥善处理中日语言的关系。

第二节　现代日语教学的教学方法

一、日语教学方法的确立

甲午战争爆发以前，鲜有中国人学习日语。1895 年甲午战争失败后，中国掀起了学习日语的热潮，不仅有大量青年学生留学日本，在中国也有不少学校开设日语课程。这个时期的日语教学通常以语法和阅读为主，通过翻译和阅读使学生获取有关知识和信息，采用的教学方法大多是语法翻译法，也有部分日本教师尝试运用直接法。从世界范围来看，第二次世界大战以前，日语教学主要针对日本国内的留学生和受日本殖民统治的国家和地区，所选用的教材和采用的教学方法与日本的"国语"教育相差不大。在日本国内，有关日语教学的研究也归属于"国语"教育范畴。

20 世纪 70 年代开始，日本的全球地位不断提升，学习日语的热潮在亚洲各国乃至世界各地逐渐兴起。1972 年，中日恢复邦交正常化，两国关系的发展进入了快车道。经贸往来和文化交流的发展，致使需要大量的日语人才，客观上促进了中国的日语教学的发展。然而，以往通过翻译和阅读获取知识和信息的日语教学方法已不能满足社会发展的需要。如何提高学生的听说技能成为日语教学面临的突出任务。20 世纪 80 年代开始，日本国内兴起有关日语教学的理论研究，并指出日语教学与"国语"教学的教学内容虽说都是日语，但前者的教学对象是把日语作为第二语言来学习的学生，而后者的教学对象是把日语作为母语来学习的学生。既然二者的教学对象不同，就不应当采取完全相同的教学方法。

世界各地赴日留学的学生数量的快速增加，对日本国内的日语教学提出了更高的要求。同时，伴随着全球化的发展，区域间、国际上的日语教学研究活动日益频繁，从事日语教学研究的专家、学者不断就日语教学的方方面面展开广泛的交流和探讨，在借鉴国际上流行的外语教学法的基础上，结合日语教学的特点，研究出多种多样的日语教学方法。

二、主要的日语教学方法

日语教学作为成规模的外语教学始于 19 世纪末，于 20 世纪 70 年代开始在全世界获得长足发展。相对于英语等欧洲语言来说，日语作为外语的教学时间要晚得多。也正因为如此，日语的教学方法可以说基本上是在借鉴英语等其他语种的教学方法的基础上，结合日语本身的特点形成的。

（一）语法翻译法

语法翻译法是以翻译为基本手段，运用母语对日语的语法规则、语言结构等进行翻译、讲授的教学方法。外语教学方法源于拉丁语教学法，盛行于 15—17 世纪的欧洲，当时称"语法模仿法"，是语法翻译法的雏形。19 世纪历史比较语言学的建立标志着语言学成为一门独立的学科，依托着历史比较语言学的理论基础和研究方法，德国语言学家奥朗多弗等学者总结了过去运用语法翻译法的实践经验，并从理论上论述了语法翻译法的合理性，使语法翻译法成为一种科学的外语教学法体系。语法翻译法的主要代表人物除了德国的奥朗多弗，还有法国的雅科托和英国的哈米尔顿等。语法翻译法既是最早形成的外语教学法，也是使用时间最长、最为广泛的外语教学方法。

语法翻译法提倡运用母语教授日语，在教学中以翻译为基本手段，以语法学习为基本途径，强调语法教学的核心地位。语法翻译法的教学目标主要是培养学生的日语读写能力，通常采取教师讲授、学生接受的教学方式，师生间和学生间极少互动。语法翻译法对我国的日语教学有着深远影响。从清末民初直至 20 世纪 70 年代，语法翻译法在我国的日语教学活动中一直占据统治地位，至今仍有不少日语教师在沿用语法翻译法来开展教学活动。

1. 主要特点

在日语教学中，语法翻译法具有如下主要特点：

（1）教学活动以教师为中心，教师讲授语言知识，学生机械性地记忆和背诵；

（2）教师主要使用师生共通的语言，很少使用日语进行教学；

（3）学习材料倾向于选择难度较大的文章；

（4）注重日语语法现象的分析，较少关注学习材料的内容和思想；

（5）语言训练以句子翻译为主，不注重学生的交际应用；

（6）重视语法形式的讲解和训练，尤其注重日语中的助词和用言活用形的教学；

（7）词语教学只给出相应的译词，较少关注词语的使用场合；

（8）语音教学着力不多，较少关注学生的语音语调。

2.优点与不足

语法翻译法既有其优势，也存在明显的不足。其优点主要表现为：

（1）能够帮助学生清晰地理解日语的语法概念，比较系统地掌握日语的语法知识，便于学生举一反三；

（2）有利于学生快速、准确地读取语言材料，能有效提高学生的阅读、写作和翻译的能力；

（3）对日语教师的教学专业技能要求不高，学生的学习成绩也容易通过词汇、语法和翻译等客观试题加以测评。

同时，语法翻译法的劣势也十分明显，主要表现为：

（1）单纯强调教师讲授，阻碍了学生的学习主动性，容易导致学生对日语失去学习兴趣；

（2）忽视学生听、说能力的培养，导致学生日语交际能力严重不足，无法满足当代社会对学生日语能力的需求。

（二）直接法

直接法是指尽量避免使用母语和翻译手段，通过各种直观手段直接运用日语开展教学活动的教学方法。19世纪末20世纪初，随着欧美等地资本主义经济的快速发展，国际政治、经济形势发生巨大变化，国际交往日益频繁、广泛，各国对外语人才的需求迅速增长。然而，长期以来采用语法翻译法培养的学生已不能适应时代的需求。于是，以英国语言学家斯威特、德国语言学家菲埃托等人为代表的改革派针对语法翻译法在培养学生口语交际能力方面的缺陷，强调口语和语音训练的重要性，系统论述了直接法的原则，推动了外语教学法的发展。由于直接法强调口语交际训练，在听、说的教学活动中自然领悟语言规则，因此也称"口语法""自然法"。直接法重视口语和语音教学，主张词汇和句子应结合上下文来学习，语法教学主要采用归纳法。直接法的代表人物主要有德国外语教学法专家贝立兹、法国外语教育家古安、英国语言学家帕尔默、丹麦语言学家叶斯珀森等。贝立兹在推广直接法方面做出了巨大贡献。1878年，他在美国创立贝立兹语言学校。1921—1944年，贝立兹的语言学校从美国发展到欧洲、拉丁美洲和非洲等地。帕尔默结合自己的实践经验，对直接法做了大量的理论研究。1922—1936年，帕尔默应日本政府的邀请，前往日本从事英语教研工作。由于他所做出的努力，日本的英语教学研究工作异军突起，取得了很大成就，引起世界各国外语教学界的重视。

第二次世界大战前，语法翻译法在教学实践中存在明显的缺陷，促使当时的日语教师开始探索新的教学方法。1898 年，在台湾从事日语教学的"国语教学研究会"发起人桥本武、向山口喜一郎等日语教师推荐直接法的代表人物古安所著的《语言教学艺术》（The Art of Teaching and Studying Languages）一书。山口喜一郎于 1899 年开始尝试在具体教学中运用直接法并初见成效，这成为山口式直接法的研究起点。直至 1945 年山口喜一郎返回日本，他先后在朝鲜以及中国的台湾、东北、华北等地区长期从事日语教学。在此期间，山口主要推行直接法。山口喜一郎结合教学实践编纂过多套日语教科书，还撰写了《日本语教授法概说》《日本语教授法原论》等多部日语教学法专著。山口喜一郎不仅批评语法翻译法无法准确表达汉语中没有的事物或现象，认为过早导入汉字会弱化日语的音韵和词语本身的意思，还指出直接法过于复杂、不易理解和自学困难等缺点。在此基础上，山口喜一郎提出了山口式直接法，实际上是语法翻译法和直接法的折中方案。山口式直接法主张入门阶段严格实行直接法，训练听与说；解读、预习或复习的时候可以使用语法翻译法把握文章的意思。对于句子结构的教学，山口喜一郎反对从易到难的教授顺序，而主张从学生的身边事物开始教学。

1. 主要特点

直接法具有如下主要特点：

（1）排斥母语和翻译，直接以日语组织教学活动，广泛使用实物、图画、动作、手势、表情和游戏等直观手段解释词义和句义；

（2）倡导听、说先行，读、写随后的教学原则；

（3）主要教授口语，注重语音教学，初始阶段一般不涉及日语汉字的教学；

（4）语言材料为现代日语，教学以句子为基本单位，注重整句学习，不孤立地教授单词和语音规则；

（5）直接法以感知、模仿、类推为主要教学手段，初学阶段避免讲授语法规则，学习到一定阶段后再对语法进行归纳。

2. 优点与不足

运用直接法开展教学活动，其优点主要表现在以下几个方面：

（1）在初学阶段用直观手段开展自然的口语教学，不仅能使学生容易理解，而且能活跃课堂氛围，激发学生的学习兴趣；

（2）强调直接学习和实际应用，有利于培养学生的日语交际能力；

（3）注重听、说能力的培养，能培养学生的日语思维和运用日语的习惯；

（4）不断地重复和模仿，使学生掌握正确的语音、语调，有利于培养学生的日语语感；

（5）以句子为教学的基本单位，有利于学生完整、准确地把握句子的含义，便于组织学生进行有意义的操练。

同时，直接法也存在明显的不足，其主要表现为：

（1）完全排除母语的中介作用，不仅效率低，而且对抽象概念难以讲解清楚，容易导致学生一知半解、囫囵吞枣；

（2）将儿童的母语习得与学生学习第二语言混为一谈，忽视学生的独立思维能力，妨碍学生的学习主动性；

（3）片面强调口语教学，不重视培养学生的读、写能力，致使学生的语言表达浮于表面，难以进行深入交流；

（4）单纯依靠机械性模仿、操练和记忆，学生难以准确把握词语之间的搭配关系和句子的结构特征；

（5）忽视语法规则的学习，学生不仅无法运用语法规则来规范自己的语言表达，而且也难以做到灵活运用、举一反三。

（三）听说法

听说法是指以日语的句子结构为纲，以操练句子结构为中心，着重培养学生日语听、说能力的教学方法。听说法起源于20世纪40年代的美国。太平洋战争爆发后，作为同盟国兵工厂的美国需要派遣大批军事人员到世界各地工作。这些人员必须快速掌握有关地区通用语言的口语。于是，以结构主义语言学创立者布龙菲尔德为首的一批语言学家和外语教学法专家受美国国防部邀请研究新的外语教学法。结果便研究出以结构主义语言学和操练性条件反射为基础的陆军口语法，亦称"布龙菲尔德教学法"。由于该教学法以句子结构操练为中心，重点发展学生的听说能力，因此被叫作"听说法"，又称"句子结构教学法"或"口语教学法"。听说法在第二次世界大战结束后不断得到完善，20世纪五六十年代在世界范围内产生了很大影响，其主要代表人物除了布龙菲尔德，还有美国语言学家弗里斯和拉多等。

在布龙菲尔德之后，对听说法影响最大的是弗里斯和拉多。他们进一步发展了听说法的教学思想：

（1）重视语言与文化的关联性。弗里斯认为语言与民族文化密不可分，学习外语不能忽视使用该语言的民族的文化。

（2）词汇和语法结合句子教学。句子作为口头交际的最小单位，应将词汇、语法融进句子中实施教学。词汇的作用是将句子结构形象化，应先学习构成句子结构骨架的功能词。

（3）起始阶段重点掌握语音体系和呈现各种句子结构。

（4）有针对性地选择教学内容。教学内容应在对比外语和本族语的基础上进行选择，并区分难点的类型。选择教学内容时，需要注意使用频率、典型性等因素。

（5）注重句子结构的操练。需要熟练掌握句子结构，并将绝大部分的教学时间用于语言实践。句子结构的操练方法主要是模仿、复习、类推、构形和熟记。

美国学者特瓦德尔把听说法的教学过程归纳为认知、模仿、重复、交换、选择五个阶段。

认知：对所学句子结构耳听会意，主要采用外语本身相同或不同的对比，使学生从对比中了解新的句子结构或话语。

模仿：跟读、齐读、抽读、纠错、改正，同时记忆。

重复：检查学生模仿的材料，开展各种记忆性练习。当确信学生已能正确理解、朗诵所学句子后，方可进行交换阶段的活动。

交换：按替换、转换、扩展三步逐渐加大难度，同时注意学生的理解情况。替换包括单项替换和多项替换，转换包括含义转换、结构转换和增减句子要素，扩展包括前置修饰扩展和后置修饰扩展。

选择：在接近实际或模拟的情境中综合运用语言材料。

1. 主要特点

听说法的理论依据是结构主义语言学和行为主义心理学，其主要特点表现如下：

（1）听、说为主，读、写为辅

听说法主张语言首先是有声的，文字只是记录语言声音的符号。因此，声音是第一性的，文字是第二性的；听、说是一切言语活动的基础，读、写是在听、说的基础上派生出来的技能；学习日语首先要掌握听、说，在初级阶段尤其应以培养口语能力为主，读、写技能为辅。听说法要求日语材料首先要经过耳听、口说，然后再进行读、写，要严格按照"听—说—读—写"的顺序教学。

（2）反复操练和实践，形成自动化的日语表达习惯

依据行为主义心理学理论，听说法强调语言学习必须进行大量的"刺激—反应—强化"的反复操练，通过模仿、记忆、重复、交谈等实践练习，最终形成自动化的日语表达习惯。

（3）以句子结构为中心

句子结构是从大量句子中总结出来的句子架构模式，既是表情达意的基本单位，也是听说法的教学中心内容。在教学活动中，无论是日语知识的讲授，还是日语技能的操练，都主要以句子结构为中心，通过反复替换操练，使学生自主地运用每一个句子结构，最终达到学生综合运用日语的教学目标。

（4）排斥或限制使用母语和翻译

与直接法类似，听说法同样排斥翻译和使用母语，提倡尽量运用直观手段、借助情境或采用日语直接释义等方式开展教学活动。只有在采用直观、直接的手段无法解决问题的情况下，才允许把母语翻译作为释义和讲解的手段。

（5）对比语言结构，确定教学难点

听说法主张把日语和母语进行对比，找出二者在结构上的异同，以确定教学难点，并把教学的主要力量放在攻克难点上。不仅如此，在教学中还需要对日语内部的语言结构进行对比分析。提倡句子结构的教学顺序应采用由易到难进行训练的方法，以利于对复杂句子结构的掌握。

（6）及时纠正错误，培养正确的日语表达习惯

听说法强调从一开始就让学生正确理解、准确模仿、表达无误，发现错误及时纠正，避免学生形成错误的日语表达习惯。

（7）广泛利用现代化教学手段

现代化教学手段指的是影、视、听等各种多媒体技术。日语教学中使用各种新技术能够营造更加浓厚的日语教学环境，激发学生的学习兴趣。

2. 优点与不足

听说法是一种影响比较深远的外语教学方法。可以说，听说法改变了外语教学的发展方向，使外语教学更加科学、有效。当然，听说法的产生是建立在深厚的理论基础之上的，而且具有很强的实践指导意义。

当然，任何事物都有优点和缺点，听说法同样如此，具体有以下几个优点：

（1）在注重培养学生听、说能力的同时，注重培养学生的语言实践能力；

（2）通过听、说训练来培养学生的语感，减少了学生学习语法的负担，同时非常注重在训练中使用不同结构的句子；

（3）通过听、说训练来发现学生学习的难点，进而改进教学方案，然后有针对性地开展教学活动。

其缺点主要有以下几个方面：

（1）把语言看作一系列"刺激—反应—强化"的过程，在语言运用的创造性方面认识不足；

（2）过分强调机械性的句子结构操练，脱离语言内容和社会场景，对语言的内容和意义重视不够，不利于培养学生灵活运用日语和得体交际的能力；

（3）大量的机械性句子结构操练容易使学生感到枯燥乏味，容易造成课堂氛围沉闷、单调。

（四）视听法

视听法是指利用视听手段，让学生整体感知和认识日语的语音、语调、形态和意义等，从而培养学生听说能力的教学方法。视听法最早叫作"整体结构法"，20 世纪 50 年代产生于法国圣克卢高等师范学院，因此也称"圣克卢法"。由于该教学法强调语言教学中情景的作用，故又称"情景教学法"。视听法和听说法是20 世纪五六十年代影响较大的两种外语教学法。视听法的代表人物主要有法国学者古根汉和南斯拉夫学者古布里纳等。视听法主张充分利用视听手段，强调综合运用耳、眼、脑等感官整体去感知和认识语言材料的音、形、义和词、句等，重点培养学生的听说能力。

1. 主要特点

视听法是在直接法和听说法的基础上发展而来的教学法，其主要特点表现为：

（1）广泛利用视听手段

视听法强调语言与情景相结合，充分利用幻灯、收音机、电视机、录像机、模型等各种视听设备，让学生反复模仿，形成自动化日语表达习惯，主要培养学生的日语听说能力。教学时，学生一边看图像一边听声音，避免使用母语。这样可以使情景的意义与日语之间建立起直接的联系。

（2）强调整体结构教学

视听法强调语言内容的连贯性，通过情景和声音整体地理解日语材料的意义。视听法是一种自上而下（top-down）的教学方法。其教学步骤是先看或听一段意义完整的日语材料，掌握其语音、语调和节奏等整体结构，然后进行个别元素的训练；教学顺序是"话语—句子—单词—单音"；教学过程为"感知—理解—练习—运用"。

（3）重视口语交际，提倡听、说先行

视听法的语言材料主要是两三个人之间的日常生活情景对话。学生通过语音、图像等，在自然的情景中感知、理解日语，然后进行模仿和练习。口语是视听教学的主要内容，目的是使学生掌握正确的语音、语调，培养口语语感，强化听说能力。

（4）视听并用，语言与情景密切配合

视听法认为，边看图像边听声音，可以使情景与日语之间建立起直接联系。这样既不需要使用母语进行翻译和解释，也能避免使用生硬的书面语，而且，图像不仅能够呈现出情景，还能够呈现出说话人的姿态、表情等，使学生对日语的感知和理解比单独听或通过书面学习更加全面、准确，也更能够激发学生学习日语的兴趣。

2. 优点与不足

视听法的优点主要表现为：

（1）视觉与听觉相结合，广泛利用视听手段，使学生见其形、闻其声、知其情，充分调动眼、耳、脑等多种感官，加深学生的感知和理解，促进学生在日语与现实之间建立直接联系，培养学生直接运用日语思维的能力；

（2）强调在日常生活情景中直接感知日语的整体，并在交际中学习日语的语音、词汇和语法。贴近生活实际的教学情景使学生能够将日语直接运用于日常生活；

（3）强调口语先行，读、写跟上的原则，重视培养日语的语感；

（4）学生所接触到的日语材料都是地道的日语，有助于掌握准确的语音、语调。

视听法的不足主要表现为：

（1）对于日语整体结构的感知和训练重视有余，而忽视语法规则等日语知识的分析与讲解，不利于学生理解和灵活运用；

（2）过于强调直观情景，排斥母语的中介作用，不利于准确把握日语与情景的关系；

（3）过于重视日语结构形式，强调以情景为线索来选择和安排日语材料，而有限的情景无法满足学生运用日语开展交际活动的实际需要。

（五）全身反应法

全身反应法（简称"TPR"）是指以身体的动作、表情为主要教学手段，让学生感知并理解日语，重点培养学生听说能力的教学方法。全身反应法由美国心理学家阿什尔（James Asher）于20世纪60年代创立，流行于20世纪70年代。在此之前出现的外语教学法，无论是语法翻译法、直接法，还是听说法、视听法，在教学思想方面都存在一脉相承的地方——以教师为中心，以语言形式为教学的核心内容，因此这些教学法被称作"传统外语教学法"。TPR 的教学思想与传统的外语教学法不同。TPR 通过身体动作教授外语，主张在学生开口之前培养学生的听力理解能力，使学生的言行协调一致，减少学生在语言学习中的心理压力。

TPR 的理论依据主要包括心理学和语言学两个方面。成年人的外语学习和儿童习得母语的过程相似，儿童接收的语言信息大多是命令句，在接收到语言信息时，儿童一般先用身体做出反应，而后逐渐学会用语言做出反应，成年人也可以像儿童一样，通过同样的习得过程掌握第二语言。TPR 还吸取了心理学中"记忆痕迹"理论的观点。该理论认为，记忆越经常、越强烈，则越易于联想和回忆。回忆时结合肢体动作等痕迹活动，可以提高成功回忆的可能性。TPR 还强调情感因素在学习中的作用。人文主义心理学认为，对学生的言语输出不做严格要求、具有游戏性质的教学活动可以减轻学生的心理负担，营造轻松、愉快的学习氛围，有利于提高学生的学习效率。从语言学角度来说，TPR 主要依据结构主义语言学理论。TPR 认为动词是语言的核心内容，学习和使用语言都应围绕动词展开；语言是作为整体被内化的，而不是单个的词汇元素。

1. 主要特点

TPR 的特点主要表现在以下两个方面：

（1）听力先行。首先培养学生的日语听力理解能力，然后再要求学生口头表达。

（2）结合身体动作反应提高对日语的理解能力。身体动作反应由教师通过有计划的指令进行控制，学生根据指令做出相应的动作，从而感知并理解日语。

2. 优点与不足

TPR 被称作"让语言动起来"的教学法，其优点主要表现为：

（1）能够抓住学生的注意力，吸引学生参与活动，让学生在身临其境的体验中学习。教学过程中尽量不纠正学生所犯的语言错误，有利于消除紧张的心理，让学生在宽松、愉快的环境中学习日语。

（2）能够提供与实际生活关联紧密的日语学习环境，使学生在各种各样的活动中反复练习和学习日语。

（3）协调运用左右大脑的功能，有利于发展左脑以提高日语学习的效率。

（4）以句子为基本的教学单位，重视语言内容和意义，有利于培养学生的日语运用能力。

TPR 的不足主要表现为：

（1）TPR 强调对动作指令的理解，但不强调语法规则及其运用。学生即使听得懂指令并完成动作，但不一定能够正确运用该指令。

（2）TPR 一般适用于初级阶段的日语教学，少年儿童日语初学者会积极地配合完成动作，但是不断地重复动作，会让学生特别是青年学生产生厌倦感。

（3）适合运用 TPR 教学的内容主要是直观性强，可通过动作、表情来表现比较简单的日语语句；表示抽象概念、语法关系等意义的词语，以及非直接描述动作、状态或者结构复杂的句子则难以通过动作、表情来表现。

（4）由于存在个体差异性，部分学生并不愿意主动参与任何表演活动，即便他们完全能够完成这样的活动。如果勉强这部分学生参与，并不能收到预期效果。此外，蹦蹦跳跳的课堂活动通常并不适合成年的学生。

（5）TPR 还存在文化差异的问题。同一个动作在不同的国家或地区，所表达的文化内涵可能存在差异。

（六）交际法

交际法是指以日语的"功能—意念"项目为纲，以培养学生的日语交际能力为目标的教学方法。交际法形成于 20 世纪 70 年代，是国际上影响较大的外语教学法流派，其理论主要是美国社会语言学家海姆斯的交际能力理论和英国语言学家韩礼德的系统功能语言理论。交际法学者认为，外语教学的目的是培养学生的交际能力，教学内容不仅包括语言结构，还包括表达各种意念和功能的常用语句。交际法重视培养学生的语言交际能力，采用真实、地道的语言材料，主张通过句子结构与具体情景相结合的方式开展教学，鼓励学生尽可能多地接触和实际运用。交际法的代表人物有荷兰语言学家范埃克、英国语言学家威尔金斯和威多森等。

交际法把教学目标定位为使学生获得语言交际能力。针对传统外语教学法的弊端，交际法提出重视语言交际功能的观点，坚持以语言功能项目为纲来培养学生的交际能力，打破传统外语教学沉重的课堂教学氛围。因此，交际法一出现很快就流行起来，成为国际上影响最大的外语教学法流派之一。

一个人语言掌握的好坏，不仅在于他能否造出合乎语法的句子，还包括他是否具有恰当地使用语言的能力。因此，人的语言能力应该是他运用语言参加社会活动的能力。韩礼德更进一步研究了语言的社会功能，提出了意义潜能理论。该理论指导下的交际法不再遵循以语言形式和语言结构为主要教学内容的传统，而侧重于语言的社会交际功能，即重视运用语言做事情和表达意义的功能。交际法把语言视作一种意义表达系统，其基本单位不再是语言的语法规则和结构特征，而是语言的功能和交际意义，也就是运用语言叙述事情和表达思想，如打招呼、询问、请求、邀请、介绍、感谢、道歉、希望、害怕等。

1. 主要特点

交际法的特点主要表现在以下几个方面：

（1）课堂教学以学生为中心，培养学生的日语交际能力

首先，教师在课堂教学中需尽量使用日语上课，通过师生间的互动培养学生的日语交际能力。其次，选择真实、自然的日语材料和典型的情景，最大限度地利用接近真实的日语交际情景开展日语交际活动。课堂教学以学生为中心，教师作为学习活动的协助者和组织者，通过各种活动让学生充分接触日语，在活动中获得日语交际能力。

（2）教学活动贴近学生的生活实际

交际法认为，交际活动是在特定的情景中进行和完成的。因此，日语教学不仅要根据学生日常生活和未来工作的需要选择最常用的、最典型的日语交际情景，还要从学生最常用的情景中选取最典型的日语材料作为交际活动的话题。

（3）教学活动以内容为中心

教学过程中大量采用情景模拟、角色扮演、信息传递、语言游戏等活动形式培养学生运用日语开展交际活动的能力。

（4）强调运用日语顺利完成交际任务，而不是机械地进行语言操练。交际法主张交际活动注重语言的流畅性，而不过于强调语言的准确性。因此，教学活动中对学生的语言错误一般采取宽容的态度，避免因频繁纠错妨碍学生连续的语言表达，分散学生的注意力，影响学生语言交际的流畅性和积极性。交际法主张只有在出现理解性语言错误，阻碍交际活动继续往下推进时才必须予以纠正。教师要鼓励学生积极参与日语交际活动，大胆开口说话，以培养学生的日语交际能力。

（5）以话语为教学的基本单位

交际法主张以话语为教学基本单位开展日语交际活动，反对以单词、词组或孤立的句子为教学的基本单位进行机械性操练。话语是为实现交际目的服务的，双向的语言交际过程相互影响并贯穿整个日语交际活动之中。尽管交际法也采用句子结构操练的形式，但这仅是为了达到以交际为目的而提高日语能力的一种有用的手段。交际法要求尽量将这种操练置于具体的语言情境中，为交际功能和表达意义服务。

（6）交际法强调日语交际活动的真实性

交际法认为，在接近真实的语言情境中进行日语交际活动，能有效培养学生对日语的理解和表达能力。交际法反对情境不真实的语言操练。

2. 优点与不足

交际法的特点是将语言的结构与功能结合起来开展日语交际教学，旨在发展学生的日语交际能力。交际法不仅要求学生具备听、说、读、写等方面的日语技能，还要求学生将这些技能灵活、适当地运用到具体的日语交际活动中去。交际法作为 20 世纪外语教学研究的重要成果，其优点主要体现在以下几个方面：

（1）有利于培养学生的日语交际能力

语言既是思想的载体，也是交际的工具。交际法强调语言教学为学生的交际需要服务。日语交际能力的具体表现在于是否能够运用日语在不同的场合中对不同的对象有效、得体地完成交际任务。可以说，培养学生的日语交际能力既是日语教学的出发点，也是日语教学的目的与归宿。

（2）教学活动以学生为中心，有利于发展学生的话语能力

在教学活动中，学生成为主要角色，教师负责选择、组织和推动交际活动的顺利开展。这样既为学生提供了更多运用日语的机会，也提高了学生运用日语的积极性，有利于发展学生的日语话语能力。

（3）有利于提高学生日语表达的流畅性和连贯性

由于交际法强调语言的意义和应用，学生接触和使用的不是孤立的词语或句子，而是连贯的日语表达，因此教学中首先要求的必然不是日语表达形式的正确性，而是日语表达的流畅性和意义的正确传达。

（4）有利于综合发展学生的日语技能

交际法主张教学活动尽量贴近学生的生活实际，接近真实的日语交际情境，这样的教学形式有利于学生听、说、读、写等日语技能的综合提高。

（5）有利于活跃课堂氛围，提高学生的学习兴趣

运用交际法所创造出来的融洽、自由的课堂氛围，有利于让学生从古板、枯燥、压抑的课堂中解放出来，提高学生的学习兴趣，达到寓教于乐的教学效果。

尽管交际法影响巨大，在发展学生日语交际能力方面效果突出，但是也存在一些不足，主要表现在以下方面：

（1）"功能—意念"项目繁多、层级关系复杂，认定"功能—意念"项目的标准不统一，如何科学编排"功能—意念"项目的教学顺序等问题缺少系统的理论支持，还需要进一步探究和完善。

（2）对于语言教学来说，语言能力的培养不能忽视语言形式的学习。如何科学地协调日语的"功能—意念"项目与日语的语法规则、句子结构之间的关系还需要进一步研究。在以"功能—意念"项目为纲的教学活动中，语言形式的选择往往居于次要地位，这就难以避免在较早的学习阶段出现较难的日语表达形式，从而增加学生学习日语的难度。

（3）交际法要求对学生的语言错误采取宽容态度和有条件纠错。然而，哪些错误可以宽容，哪些错误必须纠正，以及何时纠错等问题均难以确定可行的标准，需要教师在教学实践中灵活把握。为此，不少教师很容易陷入放任自流的极端困境。

（七）任务型教学法

任务型教学法是以意义表达为中心，以学生运用日语完成交际性任务作为教学目标开展教学活动的教学方法。任务型教学法兴起于 20 世纪 80 年代，是对交际法的进一步发展，在全球具有广泛的影响力，也是我国实施新的日语课程改革以来明确提倡的教学方法。

任务型教学法最早由英籍印度语言学家普拉布于 1983 年提出，即任务型语言教学法。除了普拉布，从任务型教学法的研究历程来说，具有突出贡献的代表性人物主要还有澳大利亚语言学家纽南、英国语言教学家威莉斯斯基汉和埃利斯等。任务型教学法的核心是"以学生为中心"和"以人为本"，其哲学心理学基础是建构主义理论，语言学理论基础是"输入与互动假设"。

1. 任务的基本构成要素

任务型教学法中的"任务"至少包含六个基本构成要素。

（1）目标

教学活动设定的任务首先应该具有比较明确的目标，即学生通过完成任务所能获得的预期的结果。这种目标包括两个方面：一是任务本身需要完成的事情，属于非语言教学目标；二是通过完成任务获得的预期的语言知识和语言技能，属于语言教学目标。如在"電話で料理店に注文する"任务中，其非语言教学目标是给饭店打电话，告诉对方需要预订的饭菜等信息，最后成功预订；其语言教学目标则可能是通过完成任务的过程，获得电话交际的语言感受，增强语言意识，提高日语交际能力，并在此过程中应用打电话的客套话、饭菜的日语说法，以及表示请求、选择等意义的日语表达形式。在评价任务的完成情况时，既要评价语言教学目标的完成情况，也要评价非语言教学目标的完成情况。

（2）内容

任务的内容就是要求学生"做什么"。任何一个任务都需明确提出学生需要完成的具体事项，其具体表现就是需要学生履行的行为和活动。

（3）程序

任务型教学中的程序指的是学生在学习过程中为了完成某项任务而使用的方法以及经过的步骤。

（4）输入材料

任务教学中的输入材料指的是学生在任务执行过程中选用的参考资料。

（5）教师和学生的角色

任务型教学法在设计任务时不一定要考虑教师和学生的角色，但是任务中的不同角色都会有自己的特点。在任务执行过程中，教师可以直接参与任务执行，也可以对学生进行指导、监督。另外，如果想要使任务中的不同角色有清晰的定位，那么在任务设计时可以明确师生双方的角色，这样可以加快任务完成的速度。

（6）情境

任务教学法中的情境指的是任务设计的语言环境和学生的学习、生活环境等。任务是为教师的教学和学生的学习而服务，因此教师在设计任务时应当充分考虑学生的年龄、身心等特点，使任务能够与具体实际相结合，这样更能贴近学生的生活。

通过以上六个要素可以看出，任务教学法中的任务比较贴近学生的日常生活，通过提高学生的语言使用率进一步增强学生对语言的理解和认识。通过任务，学生可以提高自主学习意识，锻炼思维能力和解决问题的能力。任务为学生创造了不同的语言使用场景，能够使语言的使用更加生活化，同时又具有一定的目的性，有助于学生语言能力的提高。

2. 任务与语言练习的区别

任务型教学法的"任务"与传统的语言练习存在本质的区别，主要体现在以下几个方面：

（1）任务具有双重目标

任务不仅包含语言教学目标，还包含非语言教学目标。也就是说，任务既包含培养学生日语知识与日语技能的语言教学目标，也有培养学生运用日语完成具体事情的非语言教学目标。而传统的语言练习只包含语言教学目标。

（2）任务的结果具有非语言性

由于任务包含非语言教学目标，在完成任务后，其结果也具有非语言性。在任务型教学活动中，所设任务通常为运用日语完成某一具体事情，当任务完成后，所得到的结果都是非语言性的。而传统的语言练习，如根据假名写汉字、词语填空、造句、作文、分角色朗读等，其结果都是语言性的。

（3）任务具有开放性

任务的完成既没有确定的模式或途径，也不会得到统一、标准的结果。如何完成任务，包括日语表达、辅助工具等都是可选择、不固定、非限制性的，由承担任务的学生自主确定。

（4）任务具有交际性

任务通常设定为分组完成，因此，小组内部成员之间或小组与小组之间的合作或互动就成了不可或缺的环节。这种合作或互动的过程具有交际性。

3. 任务设计的基本原则

（1）真实性原则

真实性指的是任务应当以学生的日常生活为素材，能够让学生在生活中找到完成任务所需的材料。当然，这种真实也不一定是对学生的生活进行原原本本的复制，而是让学生能够很自然地执行，而不是刻意为之。真实性原则主要是让学生能够将课堂上学到的知识随时随地地应用到自己的学习、生活中，增强学生主动运用语言的意识。

（2）统一性原则

统一性指的是任务的执行与语言的学习应当是一致的。教师在设计任务时应当结合当下学生所学的知识，与教学内容保持同步。传统的语言学习中，由于语言环境的限制，学生在课堂外很少有使用外语的机会，不能在具体情境中体会语言所表达的思想、含义。统一性原则以真实性原则为基础，使学生在任务执行过程中能够将语言的形式、含义和情境融为一体，有助于学生准确把握语言的使用条件。

（3）连贯性原则

连贯性主要体现在不同任务之间知识、情境、材料等方面的关联以及同一任务中不同步骤之间的连贯。任务型教学中的任务设计不是盲目的，而应当是有序的和有计划的。教师通过设计一系列的任务让学生将所学知识串联起来，进而让学生对知识有整体、全面的了解。同时，连贯性也能够体现教师的教学目标。

（4）可操作性原则

可操作性指的就是任务应当具备完成的现实环境和条件。如果任务不具备可操作性，那么任务就没有意义，也无法提升学生的语言运用能力。

（5）实用性原则

实用性是在实用性和操作性基础上的设计原则，指的是任务设计不应当为了设计而设计，而是为了解决问题而设计。运用语言解决实际问题也是学生学习语言的重要目的，因此，教师在设计任务时应当考虑任务能否提高学生解决问题的能力，是否与自己的教学目标吻合。

（6）趣味性原则

趣味性指的是任务应当能够调动学生的积极性，使学生从内心愿意执行任务。具有趣味性的任务不但能够使学生积极主动地参与教学，而且能够让学生积极主动地学习，同时还能够增进学生间的交流互动，培养学生之间的感情，增强学生的团队合作能力。

4. 主要特点

任务型教学法作为由交际法发展而来的教学方法，本质上与交际法存在共通之处。其特点主要表现在以下几个方面：

（1）以任务为依托，重视语言表达的意义和内容

任务型教学法不仅要求学生掌握日语的语言形式，还要求学生通过完成交际性任务，领悟到运用日语时所获得的语言的、认知的、情感的及社会文化方面的意义。任务型教学法通过设计不同的任务来让学生扮演不同的角色，能够让学生置身情境之中感受语言的变化、体会语言的思想内涵。

（2）通过互动、合作的方式培养日语交际能力

在设计任务时，要求以学生的兴趣为出发点，设计贴近学生生活实际的交际性任务。通过学生与他人的交流、互动和协作，培养学生运用日语解决实际问题的能力。

（3）既重视日语知识和技能的学习与运用，也重视完成任务的过程和结果

学生在完成目标任务的过程中，不仅需要运用已学的日语知识和技能，还需要学习和掌握新的日语知识和技能，从而巩固和提高学生的日语能力。同时，学生通过完成目标任务，锻炼和提高了分析问题、解决问题的能力。因此，在评价学生目标任务完成情况时，既要关注学生完成目标任务的过程（是否合理运用已学的日语知识和技能，是否学到并尝试运用新的日语知识和技能，是否正确分析问题并最终解决问题等），也要关注目标任务的完成结果，并以任务是否成功作为评估任务完成结果的标志。

（4）师生具有各自的任务角色

任务型教学法主张以学生为中心。学生作为任务活动的执行者，在完成任务

的过程中居于主体地位，具有学习的自主性，通过小组合作等方式共同完成交际性任务。教师作为任务活动的组织者、帮助者、指导者，有时也作为参与者，在完成任务的过程中居于辅助地位，帮助和监督学生顺利完成任务。

（5）充分利用学生已有的经验

任务型教学法倡导学生运用自己的日语知识和技能解决自己的实际问题。因此，要求学生自主、自发地投入到完成交际性任务当中去，在完成任务的过程中体验日语、感受日语，最终达到培养日语交际能力的教学目标。

5.优点与不足

任务型教学法的优点主要表现在以下几个方面：

（1）完成形式多样、贴近生活实际的任务活动，有利于激发学生的学习兴趣。

（2）通过不同的任务，学生能够将理论与实践相结合，有助于培养学生的语言综合运用能力，增强学生在日常生活中学习日语的意识。

（3）以学生为中心的任务设计，能充分发挥学生的主体性作用，促使学生积极参与日语交际活动，激发学生的想象力和创造性思维。

（4）由于任务的活动形式多种多样，可以根据学生的性格特点编排相应的任务角色，使每个学生都能够参与其中，有利于在尊重学生个体差异的同时面向全体学生组织教学。

（5）学生通过在任务中扮演不同的角色能够增强分析、解决问题的能力，而且也有利于学生之间的交流。

当然，任务型教学法与交际法存在类似的局限性，主要表现在两个方面：

（1）为了遵循真实性原则，在同一功能项目的任务活动中，容易出现难易程度相差较大的日语表达形式，可能会给学生带来学习困难。

（2）关注交际任务的过程体验和结果，忽视交际过程中的语言错误，容易影响日语表达的准确性。如果长期不予以纠正，会导致学生形成错误的日语表达习惯。

三、教学方法在日语教学中的应用

（一）双向文化导入法与项目教学法在日语教学中的应用

1.双向文化导入法与项目教学法各自的优点和结合的必要性

（1）二者的优点

第一，双向文化导入法。在语言学教育理论中有一种理论叫"理解输入"，而且是一种非常重要的理论。这种理论认为想要更好地学习一种其他文化必须首先熟知本民族文化。双向文化导入法提倡外语教学中要逐渐加深学生对外语和本民族语言的文化认识。这种教学方法的优点是能够让学生以更宽阔的视野和胸怀理解和包容不同的语言文化，顺应世界文化多元化的发展趋势；能够让学生在学习语言的过程中逐渐培养国际视野，同时更加认可中国文化的博大精深；能够增强学生对不同文化的分析能力，辨别不同文化的差异，以积极的态度看待中国文化与世界文化的不同；能够增强学生的文化素养和跨文化交流能力，使学生可以使用日语表达本民族文化，同时也可以使用母语表达日本文化。

第二，项目教学法。杜威是美国非常著名的哲学家和教育家，他的教育思想对美国的教育产生了极大的影响。在他的实用主义中，有两种非常著名的教育观点，一是"学校即社会"，二是"教育即生活"。由此观之，语言教学不但是要培养学生的语言沟通能力，而且要培养学生的应用、学习、创造等综合能力。项目教学法指的是教师在教学中要让学生独立完成某个项目。这种教学方法的优点是能够让学生主动查找相关资料，独立思考和学习，提高学生的自主学习能力和学习兴趣；能够增强学生对所学知识的理解，在实践中对知识的深层次含义有所感悟；能够锻炼学生的实践能力、创造能力，进而提高学生独立解决问题的能力。项目教学法是以学生为本的教学方法，能够充分调动学生的主观能动性，让学生在享受实践所带来的快乐的同时又能感受到知识的力量。

（2）二者结合的必要性

和其他外语教学一样，听、说、读、写、译是日语教学中的基本教学内容。当然，日语教学还要重点培养学生在工作、生活中的语言综合运用能力，这种能力需要学生掌握一定的日本文化知识。语言教学是一件复杂的事情，需要在母语环境中传授另外一种语言知识，这是对教师教学能力的一种考验。教师想要达到教学目的、获得良好的教学效果，就需要掌握不同的教学方法，做到因材施教。

双向文化导入法注重在语言教学中加入文化方面的知识，不仅丰富了教学内容，而且增加了课堂的趣味性。在传统的教学观念中，外语教学以知识为重，很少介绍文化方面的内容，不利于学生对语言的理解。加之学生长期生活在本民族文化中，这对学生学习外语也造成一定的障碍。双向文化导入法能够让学生在一定程度上突破学习的障碍，有助于学生全面理解和掌握语言。但是，由于学生一般不在日本语言环境中生活，对日本文化的理解基本来自教师的讲解，这就导致双向文化导入法是一种类似灌输式的教学方法，长此以往，会造成学生思维受限，不利于学生思维的创新。因此，教师在日语教学中应当全方位搜集日本文化方面的内容，使学生系统和全面地了解日本文化，这不但是对教学内容的负责，也是对文化的尊重。

虽然双向文化导入法具有很多的优点，但是如果只使用这一种教学方法会影响学生创造力的发展，导致学生形成文化思维定式。因此，教师在日语教学中还应当结合项目教学法。项目教学法是一种比较灵活的教学模式，同时也是一种能够高效培养学生语言综合能力的教学模式。项目教学法注重锻炼学生的语言运用能力，其中，项目是教学中的主线，学生是项目的主要参与者，教师则为项目的具体执行提供指导。项目教学法中的项目较为关注学生的语言知识方面，缺少一定的文化对比，这是项目教学法的局限。通过两种教学方法的融合，教师可以在项目中加入文化的内容，这样有助于学生将理论与实践深度融合，让学生在实践中感受文化的不同，同时又加深了对知识的印象。

项目教学法和双向文化导入法的结合是非常必要的，能够让学生在枯燥的语言学习中找到学习的乐趣，增强学生学习的动力，促进学生将知识转化为能力；能够让学生在学习语言知识的同时提高文化素养。项目教学法和双向文化导入法相结合的人才培养模式更能体现新时代的外语人才培养要求。

2. 双向文化导入法与项目教学法有效结合的路径

（1）因材施教

因材施教强调学生的主体地位，要根据学生的具体情况采用与之相符的教学方法，同时，因材施教还要考虑学生的学习阶段和具体的教学目标。

①以双向文化导入法为主、项目教学法为辅的综合教学。根据第一学年基础日语教材关于日本文化的课程内容较少以及学生的日语表达能力有限的现状，先采取以教师为中心的双向文化导入法。关于项目教学法中的资料来源，大部分学生没有在日本的生活经验，所有的认识都只能间接来源于书本、网络等渠道，而且很难筛选有效信息，这也需要教师在开始项目教学法前，先有意识地为学生补充日本文化知识。而教师对目的语文化内容的引出应建立在学生已知本土文化知识的基础上，通过对比两种文化之间的异同，加深对目的语及其文化的理解和学习，所以中国文化的植入也必不可少。到第二学年，学生有一定的中日文化知识储备的同时表达能力也有所提高，可以在保持双向文化导入法的前提下加入项目教学法，使学生学有所获并能活学活用。传统教学中，外在动力不可或缺，教师挖掘学生的不足以补充授课内容。项目教学中，学生学习的内在驱动力得到充分调动，教师要利用学生的长处开展课堂活动。

在以双向文化导入法为主的综合教学中，教师既是知识的传授者，也是文化的推行者和课程思政的引领者，教师自身的文化素养与文化的导入效果息息相关。首先，要深入学习，丰富文化内涵。平时养成多读书、读好书的良好习惯，认真研究本土文化，广泛整合教学资源，归纳总结中国文化的精髓，了解中日两国文化之间的区别，促使自己能够灵活地运用日语准确地介绍中国文化，达到提高专业素养和文化修养的目的。文化是在继承中发展的，教师不但要熟悉中华优秀传统文化知识，也要了解中国近现代经济文化成就。平时多参加高规格的文化培训讲座与文化研讨活动，领会新时代赋予中华传统文化的新内涵，努力做到"学贯中日"，博古通今。其次，要身体力行，践行文化传播。深入理解教材中的文化因素，因势利导挖掘专业课程与思想政治教育的契合点，让学生在学习生活中潜移默化地体会中国文化并自然而然地践行文化精神。比如《上海エクスポ上海世博会》这一课，可以作为向世界宣传中国文化、讲好中国故事的重要题材，结合当前的抗疫形势，展现中国的大局意识。同时，也补充大阪世博会的相关资料，帮助学生构建站在中国文化的角度审视日本文化、站在日本文化的角度观照中国文化这两种相对的文化视角。以"润物细无声"的方式培养学生的中国情怀和国际视野，提升学生的思辨能力与文化素养。除了教学实践，还需要跨文化交流的实践。与日本人的交流，不仅能检验日语教材中知识的准确性，还能增加对自身文化身份的认同感，不但能在对外文化交往中加大传统文化的影响力与传播力，而且能以批判意识对文化加以学习、辨别和吸收，从而推动中国优秀传统文化创造性转化、创新性发展。

②以项目教学法为主、双向文化导入法为辅的侧重教学。一味地以教师为主角的教学模式，无形中抑制了学生学习的主动性和积极性，要适时转换为以学生为中心的教学观念，教师由课堂的主导者变成引领者，利用有效的教学活动使学生体会到学习的趣味性和实践性。第二学年教学法的重心在于项目教学法，信息的搜集、方案的策划、项目的执行以及最后的评价基本都由学生自己负责。但项目教学法的实施仍需双向文化导入法的助力，为项目教学中关于文化项目内容的展开做准备。教师在进行双向文化导入法教学时，可考虑既用中文介绍日本文化，也用日文介绍中国文化，帮助学生提高中日双语表达能力，积累中日两国文化素材。从现象看本质，通过挖掘文章的文化内涵以增添语言的文化色彩，鼓励学生利用多种途径获取相应的知识并大胆地进行表达，引导学生在吸收不同文化养分的同时形成正确的文化价值观，培养有效的跨文化交际能力。

（2）深化拓展，巩固提升

教师对教学内容进行科学合理的设计并重视设置文化课程工作，即先由教师进行文化导入再让学生完成项目作业，在对理论知识讲深、讲透的基础上进行巩固和拓展，确保循序渐进，稳步提升学生对文化内容的理解与表达能力、学习和实践能力。

①通过双向文化导入法进行知识储备。在双向文化知识导入与储备过程中必须体现以下几个原则：

平等性原则。引导学生以平等的文化意识进行文化交流，同时以客观的心态对待中日文化差异，避免存在妄自尊大、妄自菲薄两种不良行为，使学生今后面对中日文明的碰撞时能做出理性的思考与判断。

双向性原则。让学生在学习日本文化的同时加深对中国文化的理解，双管齐下，对学生输入语言和文化知识的能力加以培养，以强化学生语言文化信息输出的技能。

适度性原则。在明确文化导入对目的语教学的重要性的同时，避免盲目夸大各种文化导入因素的作用，对于文化的导入与语言的学习要统筹兼顾，不可偏废，使文化的输入刚好有利于学生对语言的理解。

相关性原则。保证双向文化的导入围绕课程教材内容展开，根据学生的语言水平和学习能力，选择真实可靠、简明易懂的文化知识，合理运用多种方式导入，由表及里地使文化知识的学习和语言知识的运用相互融通。

课前，教师深入挖掘教材中的文化内容并选取中日对比性较强的文化内容作为教学内容。课上，通过宣传海报、场景模拟等图文并茂、声像俱佳的形式加强文化背景教学，让学生在增加语言知识的同时加深对两国文化的了解。如单词表里有"うなずく（点头）""ほほえむ（微笑）""お辞儀（鞠躬）"等词，教师讲解完这些词的用法后可播放有日本人常见肢体语言的交际视频，以此引出日本的非语言交际文化，并通过中日非语言交际文化的对比，鼓励学生体验文化差异、探寻文化融合，引起学生对文化方面的兴趣和重视，提升学生对两国文化的理解与表达。课后，要求学生根据课上所学内容进行 PPT 的制作、微视频的拍摄、手抄报的设计等，将学到的中日双向文化的话题以实物的形式展现出来，对知识进行回顾总结并对作品进行成果展示，实现中日文化的交融互补，培养"中日贯通"的高素质人才。

②利用项目教学法进行巩固拓展。

在项目教学巩固和拓展过程中必须体现以下几个原则：

可实践性原则。在充分考虑学生实际水平的基础上，保证项目的选取紧贴理论知识、符合时代背景并与社会实践相关，项目的设计难度适中、内容合理，既能调动学生的积极性又能提升学生的求知欲。

启发性原则。考虑项目问题的科学性和引导性，教会学生如何围绕选题筛选适用材料，鼓励学生多渠道获取有效信息，帮助学生在开放和创新的环境下开展日语学习、解决相关问题。通过双向讨论与交流，教师随时跟踪项目进展，适时适度介入指导。

目的性原则。将设置明确的教学目标作为首要任务，分配给学生的基本任务能从多方面反映教学要求，帮助学生真正获得知识上和技能上的双重提升。

整合性原则。将多个知识点和任务点融合在一个项目之中，以项目为载体，达到综合学习的目的，促使每位学生既要动手又要思考，做到学习方式与学习内容的有效整合。

（二）交际法在日语教学中的应用

1. 交际教学法的实施过程中要以学生为本

以学生为中心是交际教学法的原则之一。学生在课堂上角色的转变使课堂更有活力，气氛更加愉悦，学生对于外语学习的心理压力会相对减小。突破了"哑巴外语"的形式，让语言在课堂上得到充分运用，这种形式符合基础教育阶段学生的心理特点，很大程度上避免了上课溜号和说话的现象。

2. 教学要与日常生活的情景相结合

日语学习融入真实的生活情景中，让内容变得通俗，即使会话的内容没有完全理解，也可以在他所熟悉的情境中猜测会话内容进行的方向，不仅对学生理解知识有帮助，还大大有利于学生交际能力、阅读能力和综合素质的提高。

3. 交际教学法的应用中不能忽视操练这个步骤

通过交际教学模式的应用，教学步骤针对教材内容会做相应的调整，从接触到应用，过程中可以接触多个交际环境或进行多次操练，提高学生在语境中使用正确语言的运用能力和语篇话语能力，交际教学的操练过程还使学生对日语的学习更加感兴趣，更有利于在交际活动中展示自己、表达自己。

（三）超越式教学法契约作业在日语教学中的应用

1. 超越式教学法契约作业概念

超越，意为越过困难与障碍。发展，是指事物不断前进的过程，即由小到大、由简到繁、由低级到高级连续不断变化的过程。超越式教学法的内核是超越与发展，意义在于教师引领学生实现认识自我，敢于挑战自我、战胜自我，超越自我和他人，最终走向成功。在超越式教学法中，教师要帮助学生不断超越自己，最终实现从量变到质变的超越，是一个不断提升自主学习能力与学习效率、自我发展和超越的过程。而教师使用契约作业，是超越式教学法的合理运用，契约作业指在课堂教学结束之际，学生利用课余时间与教师进行一对一式"契约"沟通，双方共同协商探讨学生当天所需要完成的课后作业具体内容。教师可以让学生根据自身情况与学习兴趣点，发表自己的观点，最后再结合课堂所学知识点，权衡利弊后，与学生定下"契约"作业。

同时，教师可以和学生约法三章，学生承诺一定要按时、保质保量地完成，教师承诺要按照契约内容批改、评阅课后作业。如果学生顺利完成作业，教师可以根据学生完成情况进行适当的鼓励；如果学生未完成作业内容，教师可以根据契约内容，对学生进行"惩罚"，如抄写会话课文、课间进行会话情景表演等，帮助学生补充知识。

2. 契约作业在日语教学会话课程中应用的优点

（1）以生为本，兴趣教学

契约作业强调以学生为主导，充分尊重学生的学习意愿，学生在结束课堂学习后，根据当天所学内容与自身情况，自行拟定课后作业内容，教师根据学生提交的契约作业进行评估，简要分析作业内容难易度、练习强度、练习完成价值。教师还可以及时辅助学生，丰富课后作业内容与种类，让课后作业内容既能巩固理论基础知识，又包含商务日语专业技能知识，让学生在保证兴趣点的情况下完成会话课后作业练习。

（2）约法三章，因材施教

契约作业强调教师与学生签订"契约"的同时，一定要与学生约法三章，即让学生承诺一定会严格按照契约内容完成课后作业，这样保证了学生课后作业的质量，帮助学生树立诚实守信的价值观。一对一的沟通方式保证了教师针对性地了解学生课后作业完成情况，让学生在做课后练习时，根据自身情况，使用适合自己的学习方法，达到消化知识点的目的。

（3）拉近师生距离，建立良好师生关系

传统的师生关系是将"学生的学"与"教师的教"分离开来，把它们看作两个独立的个体。教师容易根据学生吸收知识的能力，对学生进行层次划分。这样一来，教师在批改作业时没有学生的响应与反馈，学生在学习时也得不到成就感，双方都处在一种极度僵硬的模式化师生关系中，从而导致学生知识掌握程度不一，甚至出现严重的两极分化现象。

在超越式教学法契约作业教学环节中，教师通过每日与学生进行作业沟通、书写评语，从学生兴趣点出发，协商课后作业具体内容等，可以拉近师生之间的距离，在辅助学生消化知识的同时，构建良好的师生关系。

总而言之，超越式教学法契约式作业从学生兴趣点出发，强调通过学生与教师进行沟通协商、约法三章的方式，完成教学内容的吸收与消化。超越式教学法契约式作业不仅能够培养学生良好的学习习惯，提高学生自主学习能力，还能培养学生的沟通协调能力，树立诚实守信的价值观。

3. 契约作业在日语教学会话课程中的应用

（1）提高课后作业练习强度，实现知识巩固和超越

教师根据当堂课所学语法点，与学生签订作业"契约"时，应把控学生课后作业练习数量、练习难度，尽量做到在满足学生学习兴趣的前提下，避免学生课后作业数量偏少、课后作业难度偏低的现象，让学生的课后作业习题内容涵盖多种形式，有效实现知识的不断巩固和超越。例如，在教学日企入职面试常规会话内容时，教师可以给出入职面试常规会话框架，并详细讲解框架中可替换的日常用语与句子。课后，教师可以和学生约法三章，根据学生兴趣点和知识接受程度，引导学生完成情景再现会话表演，根据自身情况填空并背诵会话框架，完成相关习题练习等，促使学生学会当堂课程所学内容。

（2）增加会话课程实践内容，实现口语能力超越

教师使用契约式作业模式，可以规避课后作业内容与类型枯燥、重复的问题，并且教师布置契约式作业是完全从学生自身实际情况与学生自主学习意愿出发，可以帮助学生举一反三，灵活运用知识，实现学生口语能力的深化与超越。

（3）课后作业目标对象由多变一，实现自我超越

普通课后作业布置方式一般都是教师面向班级学生布置作业，而教师签订"契约"作业，可以使学生的课后作业目标对象实现由多变一，针对性地进行知识学习的反馈和巩固。在学习过程中，学生能渐渐地从与其他学生互相"较量"的状态，逐渐转变为与自己进行"较量"，最终实现自我超越。

（4）教师作业评价方式多变，实现学习兴趣超越

兴趣是学生主动学习的动力。教师拿到学生的契约作业时，除了要批改错误之外，还要根据学生课堂学习情况、契约作业反映出的学生兴趣点，以及学生课后作业的完成情况，采用多种评价方式，反馈给学生，对学生加以适当鼓励，提高学生学习积极性与自信心，实现学生学习兴趣的超越。

第三节　现代日语教学资源的运用

一、日语教科书

长期以来，很多人总是把教科书与教学内容等同起来，认为教科书写的就是要教给学生的，教师教好教科书就完成任务了，而这种认识是片面的。

教科书有广义、狭义之分。广义的教科书泛指能增进人们知识和技能、影响人们思想品德的教材。狭义的教科书指按照教学大纲或课程标准要求编写的教学用书，又称课本。这里讨论的教科书指后一种。

教科书一般对某学科现有知识和成果进行综合归纳和系统阐述，较少做新的探索和提出一家之言，具有全面、系统、准确的特征。然而，教科书不是随心所欲的产物，是教学大纲或课程标准规定教学内容的具体体现。经过教育部门审定的教科书是教师和学生学习学科知识的主要资源。日语教科书是教科书的一种，是日语教学的核心资源。

（一）日语教科书的性质定位

日语教科书是根据国家颁布的课程方案（课程计划或教学计划）规定的课程设置、课程结构、课程内容及日语学科课程标准（或教学大纲），按照学生年龄顺序编写的文字教材。它反映日语课程标准（教学大纲）规定的教学内容。为此，日语教科书是学校开展日语教育中的核心，也是日语教材系列中的主体部分。

日语教科书是由出版机构按照课程标准（教学大纲），组织有关专家编写的教学用书，其编写思路、框架、内容要符合课程标准（教学大纲）的基本精神和要求。日语教科书的内容既要达到课程标准（教学大纲）规定的基本要求，又不能无限制提高难度。不同地区经济、自然环境、文化等存在差异，教科书编写须关注和体现这些特点，照顾不同地区教育发展水平、学生身心发展水平及特殊需要。

日语教科书不是孤立的学生用书，与其紧密相关的还有教师教学用书、学生使用的练习册、教学挂图、卡片等配套教材以及围绕教学的各种读物等。同时，日语教学与其他语种教学的共性是需要视听教材，长期以来，录音、录像、CD、CD-ROM 等都不同程度地发挥着积极作用。特别是我国进入 21 世纪后进行的课程教材改革，打破了教科书是唯一教学资源的传统观念，提倡教材的系列化、立体化和数字化。为此，日语教科书需要从一开始就制订一份系列编写计划，将相关教材统筹起来，这样才能适应新时期教育教学改革的需要。

（二）日语教科书的特征定位

1.日语教科书的内容特征定位

日语教科书的内容必须以日语课程标准（或教学大纲）为依据，完整、准确地反映其理念和要求。在我国，日语教科书不仅要承载日语学科知识，还要注重弘扬民族优秀文化，体现时代特点和现代意识，有助于增强学生的民族自尊心和爱国主义情怀，帮助学生树立正确的世界观、人生观和价值观。

日语教科书承载的相关知识应该是已经有定论的、经过教学实践检验的内容。不确切、尚有争议的知识，不宜纳入教科书，特别是中小学日语教科书。

日语教科书须从学生已有的生活经验出发，精选贴近学生生活、符合学生身心发展规律，适应社会发展和个人发展的基础知识、基本技能和为掌握这些知识、技能的活动，用以激发学生的学习兴趣，培养学生的言语实践能力和交际能力。

21世纪课程改革以来，日语教科书的内容更加注重突出主题，强调语篇类型的多样化。同时，改变教科书专供教师教、不适合学生自学的状况，内容讲解做到简明扼要、深入浅出，语言通俗、易懂，文字流畅、生动活泼。

现代日语教科书不仅要提供教学需要的素材，还要给教学留有一定余地，给教师和学生留出选择和拓展的空间，满足不同学生学习和发展的需要。

2.日语教科书的形式特征定位

教科书不仅在选择内容上比一般图书要求严格，在形式上也十分讲究。日语教科书的形式也须根据学生的认知水平，精心设计、妥善安排。日语教科书的内容编排需具有启发性，鼓励学生积极思考、发挥想象力，题材、体裁要丰富多样，为学生设计体验性活动和研究性专题，引导学生掌握学习策略，以利于改善学生的日语学习方式。

日语教科书的呈现方式需由浅入深、由表及里、循序渐进、难易适度，采用直线排列和螺旋排列相结合的编排形式；注意设置真实的语言环境，提供运用日语的机会。

21世纪课程改革以来，日语教科书的内容设计特别提倡以日语实践活动的"理解与梳理""表达与交流""探究与建构"为路径，体现学习过程，融汇用日语做事的方法；呈现比较完整的交际背景和人物关系，以利于教学时创设真实的情境。

日语教科书与其他教科书一样，需要在符合教学法的同时符合美育要求。标题醒目、内容清楚，字体和字号均须规范，以防损害学生视力；封面、插图尽量美观，与内容相辅相成，比例恰当，图文并茂；版式设计新颖、美观、清晰、有情趣；教科书的形体大小适当，便于学生携带。

现代日语教科书不仅要有纸质教材，还需运用现代信息技术，与音频、视频等多媒体课程资源相互配合，形成立体化格局，充分调动除语言文字作用外的听觉、视觉、触觉感应，达到综合的整体教学效果，并为教、学、评提供更全面的支持。

（三）日语教科书的使用定位

供全国选用的中小学日语教科书，必须经过国家教育部门审定，地方日语教科书由省级教育行政部门审查。国家教育部门每年春、秋两季分别印发"全国普通中小学教学用书目录"，供全国中小学选用。各省、自治区、直辖市教育行政部门根据国家教育部门用书目录和本省的实际情况补充下达"中小学教学用书目录"，供各地区学校选择用。教科书出版单位可以发行与教科书配套的教师教学用书、教学挂图等，同时保证印制、发行工作所需时间，做到课前到书。

二、其他日语教学资源

日语教学除教科书以外，还有许多其他教学资源。这些教学资源可以从不同角度加以分类，如有形资源和无形资源等。受思维定式的影响，一般人对资源的认识存在一定偏差，认为教学资源是有形实物，如教科书、录音带等。其实，用全面的观点看问题，就会发现日语教学资源是一个复杂的系统。日语教学资源既包括有形资源，也包括无形资源；既有校内资源，也有社会资源；既有硬件资源，也有软件资源；既有文化信息，也有个人经验。为此，正确认识日语教学资源系统，分析和研究该系统各要素之间的相互关系，是日语教师和教育研究者需要认真思考和充分利用的。

这里仅从有形资源和无形资源的角度加以分析。

（一）有形资源

随着现代教育技术的飞速进步，教材的概念已经有了多方面的扩展。日语教材到目前为止，所谓有形资源至少包括教科书、教师教学用书、练习册、补充读物、工具书，挂图、卡片等直观教具，录音磁带或 CD、VCD、广播，录像带或 CD-ROM、DVD-ROM，幻灯片（PPT）、电影、电视，播放录音、录像、电影、电视等的相关设备。其中，教科书、教师教学用书和练习册、补充读物、工具书、挂图和卡片等属于纸质资源；录音、广播、录像、影片、幻灯等属于音频或视频资源；而播放设备的录音机、录像机、电视机、计算机、CD 或 VCD 或 DVD 播放器、语言教室、多媒体教室属于硬件资源。

纸质资源是教学自古以来利用最多、最普遍的资源，音像资源和硬件资源是随着科技进步逐步运用到教学中来的。特别是外语教学，必须开展听、说、读、写技能训练，不同教学资源在不同时期对学生学习日语、培养运用日语交际的能力都发挥着不同程度的作用。

（二）无形资源

日语教学中除了有形资源，还有无形资源，如软件资源、网络资源、信息资源、文化资源、个人经验等。与有形资源相比，无形资源往往容易被忽视，但现在无形资源的作用越来越突显，在日语教学中充当着重要角色，发挥着其潜在动能。比如，软件资源中的计算机辅助教学软件、文字处理软件已经被广泛应用，只要打开计算机，输入日语或学习日语都会搜索到这些软件。多媒体制作软件在日语教学界用得也越来越多，几乎所有开设日语学校的教师和学生都会用多媒体软件制作相关课件，开展教学活动、交流学习成果等，可谓大有用武之地。

这里，我们以软件资源、网络资源、个人经验为例，说明无形资源的潜在动能给日语教学发展带来的巨大变化。

1. 软件资源

软件资源一般指软件程序，比如我们使用电脑接触最频繁的就是 DOS。DOS是英文 Disk Operating System 的缩写，是一种面向磁盘的系统软件，它像一座桥梁把人与机器连接起来，让我们不必去深入了解机器的硬件结构，也不必死记硬背那些枯燥的机器命令，只需通过一些接近于自然语言的 DOS 命令，就可以轻松地完成绝大多数的日常操作。DOS 还能有效地管理各种软硬件资源，对它们进行合理的调度，所有的软件和硬件都在 DOS 的监控和管理之下，有条不紊地进行着自己的工作。同时，在教学中经常用到的软件也很多，日语教师几乎每天都在用电脑工作、备课，制作 PPT 等。

日语教材在利用新媒体方面也有进展。为了更好地为教学一线服务，2012年，由人民教育出版社出版的《义务教育教科书·日语》（教师教学用书，七、八、九年级），每册分别配了 1 张 CD-ROM 光盘，这是日语教科书首次配备这种多媒体教学资源。光盘相当于一部电子书，教师上课时可以点击目录，直接进入教科书的任意一页。画面上的局部内容可以适当放大或移动；有录音的地方点击按钮可以发出声音；点击书中的图片，可以显示相应的单词和读音；习题也有相应地互动。这与只有录音带或 CD 相比，进一步方便了日语教师的课堂教学。

在社会日语教学方面，为了丰富学习资源、提高学习效率，国内发行最为广泛的《中日交流标准日本语》在新版的基础上研制了手机应用程序，其内容包括五十音图，各单元课文、生词、重点语法讲解、练习等文字资料及与书本内容配套的所有音频资料。这些利用新媒体开发的教学资源，使日语教材正在逐步构建围绕核心教材的立体化格局。

2. 网络资源

网络资源是指以数字化形式记录的，以多媒体形式表达的，存储在网络计算机磁介质、光介质以及各类通信介质上的，并通过计算机网络通信方式进行传递的信息内容的集合。网络资源富含各种形式的与教育相关的知识、资料、情报、消息等，如馆藏电子文献、数据库、数字化文献信息、数字化书目信息、电子报刊等。网络资源也指以电子数据的形式将文字、图像、声音、动画等多种形式的信息存放在光盘等非印刷型的载体中，并通过网络通信、计算机或终端方式再现出来的信息资源。网络资源可以借助计算机等设备进行共同开发、生产和传递。与传统的信息资源相比，网络资源在数量、结构、分布和传播范围、载体形态、传递手段等方面都显示出新的特点。

网络课程是网络资源的一种，是通过网络传递日语学科教学内容及实施日语教学活动的一种教学方式，是信息时代下日语课程的新的表现形式。它包括按教学目标、教学策略组织起来的教学内容和网络教学支撑环境，其中网络教学支撑环境指支持网络教学的软件工具、教学资源以及在网络教学平台上实施的教学活动。网络课程具有交互性、共享性、开放性、协作性和自主性等基本特征。

一些网课根据日语学生的需要，将《新版中日交流标准日本语》初、中、高级按照各课顺序进行讲解，在原书基础上增加了随堂小练习、词汇分析、文化背景介绍等，结合文化差异进行讲解。网课教师善于采用启发式教学，让学生带着问题学习，并适时归纳小结。这样的网课对自学者非常有帮助。然而，由于网课影响面大，任课教师的一言一行对参与网课的学生都会产生不同程度的影响，所以网课内容要编排丰富，教师要循序渐进，讲解清晰，语言规范，练习设计生动、有趣，进行阶段复习让学生温故知新。如何在不见面的网课中充分调动学生的积极性，使学生主动参与到日语教学实践中来，与教师和其他学生实现一定程度的互动，是网课建设应该思考的问题。

基础教育阶段的学校日语教学还没有实现网络课程。网络教学支撑环境的建设需要多方面的努力。尽管现阶段还做不到，但考虑到网络课程的特殊优势，未来利用互联网开展日语教学也是一种选择。毕竟互联网可以打破地域和国界，有利于教学单元模块化，这种可以通过电脑实现的学生与教师、同学之间的多向互动，容易激发学生的学习热情。

3. 个人经验

个人经验往往是一种容易被忽视的教学资源。日语教学中的个人经验包括教师的个人经验和学生的个人经验。

（1）教师的个人经验

教师的个人经验包括他的信念和价值观是如何形成的，是否具有坚实的日语学科知识基础，采用什么样的日语教学方法，如何对待学生的日语需求，如何处理日语教学与社会大环境的关系，如何处理同事间在日语教学问题上的分歧与冲突等诸多方面。说到日语教师的成长，人们往往更关注他们的专业素质，例如，掌握的日语知识和运用日语的能力，而教师作为一个人，有什么学习和生活经历，如何在中日文化交流中建构知识、形成跨文化交际意识等问题则往往被忽视。

日语教师的职业生涯与其个人的生活经历密切相关，日语教师要不断成长，要搞好日语教学工作，就应该充分认识和探索自己个人经历中的重要事件和人物，从中获取营养、启发和力量；不断反思自己的日语教学实践活动，在教学过程中总结经验、教训，再把它们应用到日语教学中去，促进自我发展。教师的发展不仅是教学技能等专业知识的发展，更应该是自我发展。自我发展可以促使教师有更高的精神追求，是日语教师专业发展的内在动力。

语言与文化影响着一个人的思维方式和行为方式，身处不同的文化背景，讲解非母语的另一种语言时，外语教师的知识建构和行为方式必然受到不同文化因素的影响。日语教师在条件允许的情况下，应该争取更多的赴日学习机会，近距离地接触和感悟日本文化，使自身的跨文化交际意识和能力得到增强和提高。日语教师向学生讲述自己学习日语的经历，与学生分享自己学习和教学日语的历程、心得、体会，也会对学生产生言传身教的影响。教师的跨文化意识和能力的增强和提高，会直接影响学生的文化意识，能有效影响学生对多种文化的学习热情。当代的日语教师是教学资源的开发者，其自身经验也是教学资源之一，日语教师可以经过努力，使自己成为灵活的、有创造性的"活教材"。

（2）学生的个人经验

在日语学习过程中，学生们既有共同的学习经验，也有各自的不同的学习方法和独特体验。比如，看过的日语电影、电视，读过的日语书籍、报纸、杂志，听说过的日语故事，凡是有关日语或日本社会、文化方面的东西，都是班级活动时可供利用的学习资源。让学生用自己学到的日语知识相互启发、取长补短，也可以成为日语教学活动的重要一环。

有些学生还有过与日本人交际的实际体验，他们或随父母在日本生活过，或在国内与日本人有过交往，这些同学的经验是日语教学中的重要资源。请他们在班级里讲述或笔录个人的体验，现身说法，是扩充学生的日语知识、提高他们学习兴趣的好方法，也是促进学生之间沟通日语学习经验、交流学习体会的重要手段。

如上所述，无论是教师的个人经验还是学生的个人经验都是一种重要而无形的教学资源。

由以上分析可以看出，与有形资源相比，无形资源具有更突出的优势，因为它具有极大的广延性和极强的适应性。从广延性方面看，它可以渗透到所有国家和地区，也可以存在于一个学校、一个年级或一个班级，甚至某一个人。从适应性方面看，无形资源可以被重复使用，并在反复实践中得到检验和修正，在持续的积累中不断提高。正确看待无形资源，有助于我们更全面、更准确、更深刻地认识日语教学资源系统，并树立起新的资源观，这在理论上和实践上都具有重要意义。

此外，社区和社会机构的支持，也是一种无形资源。充分利用这些无形资源，有利于从社会生产、社区生活的真实需求出发，在真实的环境中习得和巩固知识和能力。为学生提供真实学习环境和机会，也有利于推动 21 世纪核心素养的教育实践。同时，学生核心素养的获得也会给社会带来许多回报，包括经济、环境、金融以及道德等多个方面，学生的个人发展能够带动整个社会的发展。

第五章　现代日语教学中的跨文化教育

日语教学的最终目的是培养学生的跨文化交际能力，因此日语教师在课堂上不仅要让学生掌握听、说、读、写的技能，更重要的是要培养学生的社会文化能力。本章分别从日本文化与日语教学、跨文化交际基本知识和日语教学与跨文化交际的融合三点介绍日语教学的跨文化教育。

第一节　日本文化与日语教学

一、日本的社会文化

（一）从氏族到家族

大约从 3 世纪开始，日本母系制部族社会开始向氏族社会转变，而随着氏族规模的逐渐巨大化，其内部开始分化出相对独立的家族共同体。大化改新以前，氏族制社会母权制色彩仍然浓厚，其内部实行的不是族外婚规制，而是父母系不分的近亲婚，即家族集团不分父系和母系。该系由双系构成，因此氏名既有来自父系的也有来自母系的，还有一些是由父系和母系复合构成的，例如"物部弓削守屋大连"。"守屋"一氏中含有父系氏名"物部"和母系氏名"弓削"，而"大连"是表示身份地位的姓，说明当时真正意义上的父权制家族还没有被建立起来。但是，古代氏族制社会的氏名不是家族集团的名称，而是以政治关系为契机形成、再编的组织。

进入律令制社会之后，朝廷不但对氏族进行重新划分，还宣布"排除双系复姓"，规定"良男良女所生之子，从属其父"。这些规定确定了父系姓氏制度的基础，也促进了日本家族结构开始向家长制方向的过渡。在朝廷实施 50 户为一里的乡里制时，户籍制度上首次出现了乡户、房户这样的家族形态。但是在户籍登记时，户主需要依附于某氏或由有势力的氏举荐方可申报。因此，户仍然从属于氏族，小氏由一个以上及数户构成，大氏则由十几个乃至数百户构成，一乡50户同为一种氏名的例子并不罕见。因此，律令制时期的家族与氏族之间界限尚不很清晰。当时的户是以户主为核心构成的家族共同体，其成员往往包括其直系亲族、姻族及其旁系亲族、姻族，甚至还包括没有公民权的奴仆。亲族、姻族成员称为良民，即公民，而奴仆即贱民。由于母权制的影响，日本家族的父系血缘观念从一开始就显得十分淡薄，所谓"乡户"更接近于原始社会的部落共同体。

律令制体制开始瓦解之后，武士阶层兴起，但是武士集团在谋取政权的过程中，依然热衷于攀附氏族根脉以主张自己的正统性。例如，作为源氏十九流之一的清河源氏武业十分兴旺，曾经从中分裂出包括源赖朝、足利尊氏、德川家康等一代代霸主在内的氏族细胞500余家。这与氏姓贵族的分支原则十分相似，而幕府的幕僚及其家臣也依托自己占据的领地，作为新细胞一个个分裂出来，并取新的名称为氏名以示与同族的区别。

氏姓贵族和武士氏族裂变的结果，在中世幕府制时代产生了氏子或庶子的独立形态。这种形态与氏不同，被称为"家"。家较氏规模小，是相对独立而稳定的家族共同体。当时，家的名称要"苗字"，即通常意义上的姓。苗字谓之"苗裔"，即氏族的末裔之意。因此，由氏族分裂出来的家亦被称为"苗字族"。这标志着日本的社会结构开始从氏族社会向家族社会的形态转变。与氏族不同，家族的名称虽然在某种程度上还需要君主赐予或认可，但是已经脱离了天皇的控制。由于氏族的裂变，这一时期亦是姓氏大繁殖的时期，其繁殖的速度可谓以几何级数增长。各种姓氏名称有的源于地名，如前野、渡边；有的源于宅邸所在地，如一条、近卫、花山院；有的源于官职和氏名的合成，如斋藤、左藤；有的源于两个氏名的合成，如安藤（安倍氏与藤原氏）等，还有的出自中国典籍，如宇多、光孝、明仁等。

这个时代的"家"相对独立，保持着共同祖先之下同族结合的形态，但氏作为精神纽带依然在发挥作用。苗字族对外称氏名，以显示自己的来龙去脉，而在本氏族内只称自己的家名，即苗字，体现了氏和家的即分即合状态。这时，姓氏已经蜕变成代表家族的符号，家族共同体变成社会活动的核心，氏已不再具有古代那样的政治意义和社会功能。自南北朝时期开始，氏名不复出现，标志着古代氏族制度的影响最终消失。

战国时代后期，丰臣秀吉推行检地制度、户籍制度、宗门改制度以及"家制度"，由此家父长制在日本武士阶层成为惯制。在建立于兵农分离原则基础上的江户时代，使用姓氏是武士阶级的特权，并因此而制度化。姓氏是武士阶级用来将自身区别于农工商等被统治阶级身份的标志，"非武士不得配刀和称姓氏"是当时日本的国家制度，平民百姓不得称姓氏。又因为幕藩体制下大名以乡村为单位实施统治、课税征役，因此领主不需要切实掌握人民的具体情况。因平民有所归属，所以即使无姓氏也并不影响社会生活。

明治维新以后，日本政府在完善近代法体系的过程中，不但没有取缔近世幕府时期仅限于武家、公家的封建家制度，反而还将其进一步完善推广到平民之中。明治民法规定，户主的亲族，居于其家者及其配偶均为家族。由此可知明治时代的家是建立在原来家长制基础上的大家族，家族成员为家氏。一家的姓氏虽然有氏名、苗字、姓几种说法，但在法律上均被确定为"氏名"，说明氏族观念的滥觞仍然潜移默化地存在。在"二战"结束之后的新宪法时代，日本的大家族制度被废除，以夫妻为核心的小家庭成为社会结构的基本单元，而姓氏也在历史上第一次真正变成用来区别不同血缘系统的家族符号。

日本人不像中国人那样重视姓氏。正如古代氏姓是由君主赐予的一样，作为君主的天皇家族无需姓氏。日本平民的姓氏如同家长给孩子起名字，从一开始就存在很大的随意性。因此，在明治政府取缔了封建的四民身份等级制，于明治三年（1870）宣布允许庶民百姓称姓氏之后，长期以来习惯于无姓氏生活的平民对此并不感兴趣，以至于明治八年政府又发布公告强行要求制定姓氏。这时，广大农工商民众才开始纷纷涌到寺院及识字人家里，请求帮助选定姓氏。在这种情况下，村落内外具有特征的景物、环境以及居住地点等几乎都成为选为姓氏名称的依据。石井研堂在《明治事物起源》一书中讲到，他父亲应村民请求，曾经把"青柳""喜撰""鹰爪"等茶叶名称推荐给村民，而且把鱼类、蔬菜类、动物类名称等定为自己姓氏的人亦不在少数。可想而知，当时的混乱程度非同一般，而这也是如今日本人姓氏种类竟然多达14万之余、居世界各国之冠的直接原因。

古代社会姓氏数量极少和现代社会姓氏数量极多，以及在择姓、改姓问题上的随意性极大，都与日本不存在严格而纯粹意义上的宗法家族观念密切相关。随着行政机构的近代化和资本主义社会的发展，国家统治开始直接针对国民个人而不再以旧家族为媒介，日本人的姓氏才得以朝着个人私称化的方向发展。

（二）家的结构特征

从概念和结构上来看，日本传统的"家"相当于我们所说的"家族"，而不同于现代的"家庭"。家的形态萌生于弥生时代的农耕社会，经过漫长的历史发展至江户时代基本成形。关于江户时代的家族结构，福武直指出："日本的家族，没有被人们看成一个单纯的家族，而是抽象地作为'家'来认识的。家族，只是直系地从祖先到子孙这样继承下去的'家'的现象形态。而那个所谓的家，由于只是家谱的直系连续体，所以那些参与家务的用人也能够按家族关系的模拟成为其中一员。"[1]中根千枝则进一步指出，它"能够把不同类属的成员包括进来，同时又能够把同种类属的成员排除出去，特别是在世世代代从事农业或商业的家族，更是司空见惯。这种家族里，不仅毫无血亲关系的外来人可以被请来做后嗣或继承人，甚至仆役、管家也可被吸收为家族成员，并以家族成员相待"[2]。由此看来，日本的"家"是以宗法制度为模式，以宗族主义为"精神结合"力量组建起来的同族集团。

具体来说，日本传统的"家"可以同时或不同时地包含以下成员：一是直系的血缘亲子及其家族（祖父母、父母、子夫妇、孙夫妇），二是旁系的血缘亲子及其家族（兄弟夫妇、侄外甥夫妇等），三是直系但无血缘关系的亲子及其家族（养子、家仆家族），四是旁系的非血缘者及其家族（上一辈的老家仆及其家族）等。这样的同族集团与弥生时代由部落共同体中分化出来的小家族集团结构，即家长统领下的包括家长的妻与子、家长的兄弟（姐妹）以及叔伯和他们的子女在内构成的复合型家族共同体基本相似，说明日本的"家"从一开始就具有以亲缘而非血缘关系为主体形成的大家庭结构。

首先，这种非宗法制"家"存在的依据是作为家产的宅邸、田地、山林和作为家业的农业、商业、手工业等生产手段，以及作为家存续象征的家名、家徽等。也就是说，这些物化形态的家财是家族成员赖以生存的物质基础，由子孙累世相传。其次，家的精神纽带是祖先。所谓祖先，在日本并非完全是宗法意义上的血缘祖先，而是一个家族的始创者。即使不十分清楚他们具体是谁、起于何时，但是作为始创者是肯定存在的，敬仰他们的功绩，认同他们的价值，崇拜他们的灵魂，维护和传承其家财是家族成员的共同理念和责任，是不以个人的意志为转移的。建立在这种共同理念基础上的祖先意识，即异乎寻常的日本式的家族主义宗族观念，可以使家族的范围被无限扩展，也可以根据各种实际需要而无限缩小，但是因为有共同祖先意识作为精神纽带而不会发生质的变化。目前，日本的"家制度"的实体已经基本退出了历史舞台，但是由共同祖先形成的"家意识"和"家族精神"，却仍然在日本社会的方方面面发挥着十分重要的作用。

与部族、氏族社会由部族、氏族中分化出家族的现象相反，近世社会的家族

---

① 福武直，陈曾文译. 日本社会结构 [M]. 广州：广东人民出版社，1982：20.

② 中根千枝，许真，宋峻岭译. 日本社会 [M]. 天津：天津人民出版社，1982：5.

不断扩大，甚至延伸成为村落这样的社会共同体。家族是一个有机结合体，它一般由同族男系或父系的原基家族"本家"不断分割、派生创立出新家庭"分家"，形成系谱上的"本家"与"分家"家族结构，然后世代类传，形成主干与分支相互认同的总本家—本家—分家—孙分家的同族集团序列。这种家族形态结构源于江户时代武家社会的家制度。出于维系家族的连续性、一贯性目的，家族中一般由直系长子继承本家地位，次子以下男性另立门户处于分家地位。直系分家被称为"血缘分家"，但也存在没有血缘关系的分家。例如，长期忠诚服务于主人家的家仆可以获得分家名分，成为同族的一员。这种分家被称为"非血缘分家""家仆分家"。非血缘分家的形式尤其多见于城市里的商家同族团，如同"总号"与"分号"的关系。这是日本传统家族社会化的基本途径，也是日本社会家族化的基本特征。

在这样的家族结构中，本家、分家之间等级、序列分明，相互之间表现为上下主从的纵向关系。本家对自己直系的分家拥有管制权，且相互之间存在庇护与服从义务，而总本家在家族共同体内的地位至高无上。分家之间存在一代分家、二代分家、三代分家等代际差别，而非血缘分家与血缘分家之间的地位也微妙不同。不同系别的同代分家之间属于平等关系，除人情往来之外，基本上不发生利益关系和横向联系，亦不存在庇护与服从的义务。也就是说，日本的家族中存在"纵向"和"横向"两种结构关系：纵向如同父子一样为上下主从关系，表现为庇护与服从；横向如同兄弟一样为内外亲疏关系，表现为义理人情。纵向关系的原则是保证家族的稳固与延续，横向关系的原则是维系家族共同体的团结与和谐。总之，每一个成员在这种序列分明的家族中都拥有不同的身份和位置，都需要按自身的本分而不是个人的主张行事，甚至需要约束和压抑自己的情感。

在日本，家族共同体具备社会组织的基本特征。换言之，社会组织也可以视为家族结构和观念的延续。

"亲分""子分"是描写日本人社会关系的一对重要用语，表达了模仿家族关系建立起来的社会人际关系。这种"亲—子"关系可以具体化为主—仆关系、租—佃关系、师—徒关系、师—生关系等，并因此构成家族一样的社会组织集团。这种关系类似父子关系，其中最首要的因素在于"子分"能够获得"亲分"的扶助与庇护，而"子分"有义务在"亲分"需要时义不容辞地效力协助。绝大多数日本人，不论其职业地位如何，都生活在这种亲—子关系之中，在人生攸关时刻，"亲分"名副其实地起着父亲的作用，甚至其重要性超过父亲。

总之，日本传统家族中本家与分家，以及社会上以模拟方式形成的上下、主从结构关系，强调的是类属和阶层关系，它虽然抑制了家族和社会成员的个人意志和自由，但是在淡化和协调社会阶级关系、缓解社会矛盾等方面具有一定的积极意义。

（三）"家制度"与家继承

严格地说，日本家族制度起源于中世武家的"惣领制"，即惣领家对庶子家的统制。但是，武家社会的根基在农村，因此其社会生活也延续着乡村惯习。例如，镰仓时代的武家社会主张作为武家者应该一夫一妻，要求武家不能歧视女性，而且在土地、财产继承或受让方面不分嫡庶，亦不分男女，可以由一个子女继承，也可以分割给多个子女，还可以分割、转让给妻子、母亲。也就是说，在当时的武家社会，女性与男性是相对平等的，拥有相同的权利和义务。惣领制崩溃之后，为了避免多个子女分散分割令小领地失去统制，而将分割转变成指定一子继承。但是一子继承的前提是嫡子，而不限于长子。在江户时代，由于幕藩统治的需要以及儒教在武士阶层的彻底渗透，家长制已经成为武士阶层的惯例，但是土地继承仍然不是按照长幼顺序，而是基于能力的"奉公的深浅"和"器量的有无"来确定。长子并非铁定继承人，而是"长子若有能力，其继承家业乃天下之定则"。而且，虽然家长是一家之主，但在家产等家族事务的运营上仍然处于退隐者的监督之下，家长不能自作主张。

日本真正意义上的家制度，是明治政府通过户籍制等一系列制度的实施确立起来的。明治民法，在其家族法中规定：以武士的家族制度为典范。也就是说，明治政府不但固守了近代社会以前的传统，甚至还进一步强化了它。明治民法时期，家制度的支柱之一是家长制，即把一定范围内拥有亲族关系的人归属于同一个户主之下，户主写在户籍的前头，登录在同一个户籍上的成员归属于同一个家族。户主即家长，以其法律赋予的家长权对家族成员实施身份管理，同时负有抚养责任和义务。家长的权力包括继承人的确定权，子女婚姻、过继养子的同意权和取消权，以及家族成员的居住指定权等，特别是对子女拥有绝对权威和统治权，家族成员需要在人格上对其表现出恭顺、服从。作为家的继承人，长子在家族中的地位甚至高于母亲，而次子以下的兄弟姐妹则处境低微，尤其是女孩受到歧视。嫁入直系家族的妻子需要适应其家族的生活方式，需要隐忍和服从，在夫妻关系中地位低下。现代日本人表现出的男尊女卑，实质上就是根据近代明治民法时期的家长制形成的，而并非日本传统社会的产物。

值得注意的是，明治民法时期的家族虽然"以武士的家族制度为典范"，但是幕藩时代的武士家族与底层平民不同，至少是农村自耕农以上的农户或私营工商业主等有产阶层。对于他们来说，家族既是一个生活聚居体，也是一个生产经营单位，农业和工商业都是家业。家产、家业是支撑家制度的物质基础，也是家长权力和权威赖以存在的依托。因此，对于没有家产、家业，甚至家境贫寒的底层平民来说，因为难以形成庞大的家族，所以所谓的家长权威也无从说起。因此可以说，明治民法下的"家制度"所指不是生活聚居体，而是为了保障生产经营体稳固的规定。

明治民法制定后，长子继承制作为家制度的另一个支柱，成为整个日本推行的制度。长子继承制指"家"由长子单独继承户主权即家长权，以及家的系谱、家产、家业，目的在于保护直系家族产业的存续。完成了家的继承之后，长子夫妇需要与父母共同生活、担负抚养父母的责任和义务。其兄弟姐妹可留在父母家一同生活，但是结婚之后需要分家另立门户。除出嫁或出去做婿养子者之外，次子以下的三子、四子等另立门户时需要履行继承本家名分的分家手续，并隶属于本家，构成本家、分家同族团。如此形成的直系家族制是"二战"前日本家制度的代表性形态，促成了男性在家族中的统治、支配地位以及家业的长期发展。

家继承主要是继承由祖先传承、固化下来的家系、家徽、房屋、土地、家业、财产等，另外包括祖先的墓地以及祖先供养、祭祀权。家继承一般分两种情况，一种是因前所有者死亡而发生的继承，即通常所说的遗产继承；另一种是前所有者在世时发生的继承，即生前继承。习惯上，除非意外突然死亡，日本一般以生前继承为主。生前继承是日本的特色，即作为家长的父亲在适当时期（一般是在继承人结婚或生子之后）将家长权力和地位以及财产转让给继承人，自己退隐，也就是对内对外不再代表家族承担家族义务和责任。需要指出的是，在日本人的传统观念中，父亲与父权是两个不同概念。在中国，父亲因为是父亲所以有权威，而在日本则是父亲因为有父权（家长权）才有权威。因此，父亲一旦放弃家长权而变成一个闲居老人，随之也就失去了父亲的权威。这种现象在过去主要表现在武士阶层的大门户、大家族，而目前在部分农村地区以及私营工商业家族还有所残留。

退隐与继承是相辅相成的关系，尤其是在直系家族继承观念延续的地区，退隐习惯仍显得根深蒂固。关于退隐与继承的方式方法，与其说是制度要求，不如说是习惯所致。据调查，在20世纪50年代，日本仍然有70%以上的家族认为应该由长子继承家系、家长地位和家产。在长子优先继承习惯仍然延续的地区，前户主在履行继承程序时要让出"母屋"（正房、上房）给继承人夫妇，自己搬到隐居屋另起炉灶，开始自耕"退隐地"的生活。但是，在退隐者去世之后，退隐地还需要返还给"母屋"。在八丈岛一带，长子结婚之后采取访妻形式，在第一个孩子出生之后放弃（妻家的）婚舍搬到"母屋"，这时父母夫妇则需退隐，领着其他子女到新建的隐居屋生活。退隐者尚十分年轻，身边还有一些未成年孩子，因此需要分割一定的家屋、宅地和耕地为自己所有，退隐者去世之后则由同居的某个子女继承。在飞驒白川乡，其家族形态是家长由长子传给长子，财产继承也按照这种直系脉络进行。在这种情况下，继承人的兄弟姐妹原则上依然留在家里生活，但都采取访妻婚形式，出生的孩子在母亲家里抚养。在伊豆诸岛等南部、西部地区，家继承的时期是在家长安排好长子以外的子女之后（即作为分家另立门户或出户做养子、出嫁），这时长子才能与一直居住在娘家的妻子与孩子们一同搬入"母屋"，继承家业。除长子优先继承之外，有些地区（例如日本中、西南部地区）是按照男性兄弟顺序，由抚养父母者继承，在这种情况下，家产一般采取分割方式继承。

在家继承方面，日本优先考虑的因素是继承，虽然血缘关系的父—子继承最为理想，但是当家里女孩子大而男孩子幼小，或者只有女孩子的情况下，则需要通过招婿来继承。此时血缘关系变成第二位。在这种情况下，家产、家业由长女继承，而家长权则由赘婿继承，当其家族的长子（姐姐的弟弟）长大成人之后，姐姐夫妇需要将继承权返还给弟弟，而自己作为分家另立门户。在私人工商业者家族中，由长女继承家业，招"番头"（掌管店面的总管）为婿的现象十分普遍。也就是说，只要具备人品和能力，不排除非血缘关系者成为继承人。

家的继承关键在于家的连续性，如果一个家族丧失连续性而成为绝家（因为没有继承人而家系断绝）是非常严重的事件。通常情况下，血统的断绝并不意味着家的断绝，当意识到家族有可能断绝后嗣时，可以采取过继养子的方式来继承家系，而且，即使在家断绝之后，还可以拥立亲属来续谱再兴，即"家必须永远持续"是日本人最为重要的本分和义务。

由于家构成的特殊性，日本人过继养子为家族成员的现象十分常见，其中既有以补充家族劳动力、加强家族势力为目的的养子，也自然有以继承家为目的的养子。因此，有弟弟给哥哥当养子的，有夫妇一同当养子的，还有把家仆的孩子过继为养子的现象，等等。养父子关系等同于亲父子，不但可以享受分家待遇，而且在必要时可以继承家长权。

除此之外，日本社会认干亲的习惯也非常普遍，一个人的一生中往往需要认许多干亲。但是，不同时期认的干亲意义不同，幼年时认的"接生亲""奶亲""取名亲"等主要目的是在孩子生命体不稳定时期护佑孩子顺利成长，而在举行成人礼时认的"加冠亲""系带亲""改名亲"以及"宿亲"等干亲则具有社会功能，即通过结成亲子关系相互扶持，相当于家族的外延和扩大化。

"二战"结束之后，1947 年日本公布的新民法废除了旧的家制度以及家长权和长子优先继承权，主张财产继承不分男女，由兄弟姐妹分割，并规定所有子女均负有赡养父母的责任和义务。然而，虽然家制度作为制度不复存在了，但是其影响以及家族观念并没有在日本社会消失。例如，虽然战后法律规定所有子女均等继承家财、家业，但是农户、零星企业却难以做到。因为分割继承导致财产分散，难以维系家业存续，所以长子单独继承至今仍然存在。另外，无论有无家系、家财、家业可以继承，目前的日本社会习惯仍然是长子被赋予比其他兄弟更多的责任，并需要与父母同居，为其养老送终，而其他兄弟需要付出的代价只是放弃财产继承。还有，在高度经济增长期，日本农村构成家族制的土壤减弱，以次子、三子和女孩子为主的年轻人纷纷涌入城市工作，而城市生活不再需要以家继承和家产来维系两代，加速了核家庭化的进展。然而，长子却没有选择职业的自由，他们必须守护在农村，继承由祖先固化下来的房产、地产，守护墓地、供养祖先。曾经风光无限的长子在现代社会变成了昔日家族制度的牺牲品，甚至陷入娶不上老婆的艰难境地。

（四）婚姻的演变

与家族结构一样，日本的婚姻形态也具有与众不同的民族与社会特征。现代日本法律规定婚姻实行一夫一妻制，并且禁止三等亲以内者结为夫妻。但是在相当长的历史时期，日本人并不排斥近亲结婚，即堂表兄弟姐妹之间成婚的现象十分普遍。其中的一个原因在于日本社会十分重视身份、地位，尤其是在家制度下的上层社会，婚姻重视同等身份、相同阶层，即倾向于门户对等、相称，家格比当事人的个人资质、能力显得更为重要。有一个原因在于日本传统村落多为由同一个或少数几个家族共同体构成，而且每个村落都具有高度的独立性和封闭性，村民很少与外部人交往，因此难免堂表兄弟姐妹之间成婚。在日语中，表示堂表兄弟姐妹的"いとこ"一词原本就具有爱恋的意思。再一个原因在于日本传统农耕社会的劳作方式更需要相互协作，村落内就近、就便地选择婚配可以满足对劳动力的渴求。因此长期以来，日本的村内婚十分盛行。

虽然日本上层社会至今仍然存在门当户对的择偶观念，但是在平民社会，婚姻配偶的选择自古以来都相当自由，当事人的自主性相当高。尤其是在传统农村社会，择偶标准非常简单，男人不辞辛苦、能干活，女人手脚麻利、不偷闲、不说闲话几乎是唯一条件。勤劳、本分而生活不奢侈的人最受欢迎，相反，乱花钱、吸烟喝酒、涂抹红白粉化妆的人受到鄙视。另外，很多地方喜欢娶年龄大的媳妇（至少是不嫌弃）。有谚语说"姊女房，是福神"，认为年龄大的媳妇（姊女房）会过日子，是家里的福气。

在历史上，日本人的婚姻形态比较复杂，但是仅就农村社会来看，总体来说主要表现为两种形态：一是"访妻婚"，二是"出嫁婚"，二者之间存在交替关系，但前者凸显日本特色。

"访妻婚"形态比较古老，而且在不同时代和地域还存在一些变体。通过《古事记》《日本书纪》和《万叶集》等记载，可知 7 世纪前后日本的婚姻形态是男子夜晚到女子家住宿，天亮以后离开，即暮来朝辞。在这种情况下，女子只是被动地在家里等待，一旦男子不再前来就意味着爱情、婚姻结束了。这样的形态被称为"妻问式"，但其究竟是属于婚前交往还是属于婚姻，界限并不清晰，而且显然是属于母系制部落社会习俗的遗存。到了平安时代，社会上出现了一种称为"夜爬"的婚姻现象。夜爬这个词听起来有些晦涩，其实它原本的意思是"呼唤"。那么，什么是呼唤呢？据说在古代，男性求婚时需要呼唤女方的名字，而在古人的观念里名字与生命相通，应答并把自己的名字告诉对方就意味着情投意合，是女方同意男方夜里到家里来的意思。实质上，"夜爬"相当于现在以结婚为前提的婚前交往，大致上与"妻问式"无大差异。据说，日本至今有些地方还在把订立婚约之后男方到女方家住宿的行为称作"夜爬"。

关于"夜爬"习俗，据说在江户时代中期，东北地区的习惯是男子准备一根漂亮的一尺长左右的卫矛立在心仪女性的家门口，如果女方对男方有意就把那卫矛拿到屋里，而在夜晚把来访的男子引入房间。在青森县津轻地区，农历五月四日到八九月是约定俗成的男青年"夜爬"期间。男青年在 5 月 4 日或 5 日会把"连注绳"挂到女方家门口，或者把彩色纸撒到女方家的屋顶和院子里，意思是寻求交往。据说这个风俗一直持续到最近才消失。

关于婚前交往，村落社会里的青年组、姑娘组发挥了很大作用。男女青年白天各自在自己家劳动，晚饭后集聚到"若者宿""娘宿"享受青年人独有的时光。如果有中意的姑娘，男青年会征得"娘宿亲"的同意和支持住到"娘宿"来，而其他姑娘会把房间腾挪出来到别处去住，这里便成为男女二人晚上幽会的"寝宿"。当二人确定可以结婚时，便告知父母并离开"娘宿"，把"寝宿"转到女方家里。在这种情况下，配偶由当事人自主选择，父母默认，而宿亲往往在其中担当保护人的角色。

在传统农村社会，婚前交往与婚后的生活方式之间似乎没有明显区别。因为，从结束"夜爬"到进入婚姻状态的过渡，最简单的形式是男方正式到女方家与其父母见面、行亲子之仪便可。不但女方不到男方家去生活，而且男方仍旧需要在相当长的一个时期内在女方家的"寝宿"住宿。这种形式的婚姻生活被称为"访妻婚"，也叫作"招婿婚"。然而这种形态与通常所说的入赘是完全不同的，因为男方就像"走读生"一样只能在晚上来到妻子的住处，同时也并非妻子家的成员。在日本农村社会，这样的婚姻形态存续了很长时间，而且十分普遍。

一般来说，"访妻婚"只限于将要成为继承人的长子，因为次子以下不能继承家业，结婚后要另立分家或者作为养子入赘到妻子家，所以无须渡过"访妻婚"阶段。那么，作为长子的妻子，在什么情况下才能移居到夫家生活呢？这与家继承密切相关，原则上是在长子的父亲去世或放弃家长权而把家业让渡给长子之时。有些地方，妻子在生第一个孩子之后便可以搬入夫家，但这属于特殊情况。

以大家族制闻名的飞驒白川村有一个颇为特殊的民俗，即这里不允许次子以下的男子另立分家，因此除长子之外，其他男子需要终身保持"访妻婚"状态而往返于留在娘家的妻子处。因为女方结婚后也终身不能离开娘家，所以出生的孩子属于母亲家而不能领回到父亲家。这样的婚姻形态在明治民法时期被视为"内缘关系"（妍居关系），所生的孩子被视为"私生儿"登录于户籍。白川村的这种婚姻形态实质上是两种类型并存，即家长及其长子采取的是出嫁婚，即结婚后女方入住夫家；次子以下则属于访妻婚，既不能另立门户，而妻子也终身不能入住夫家。这样的婚姻形态出现于江户时代中期的大家族，是一种极其特殊的现象，但是一直延续到大正年间才结束。

另外，在日本东北地区的偏僻农村，还存在一种被称为"年期婿"的访妻婚形态。具体做法是确定三年至五年等一定年限，作为丈夫的男方在其年限内居住在女方家劳动，年限期满后与妻子一同搬入男方家。在这期间，男方的劳动虽然有时也可以领到工钱，但是基本上是属于无偿付出，颇有些类似伙计的意思。据说，这样的民俗惯习在当地一直延续到 20 世纪 70 年代才消失。

在访妻婚与出嫁婚交替之际，日本还出现了一种被称为"足入婚"的婚姻形态。与在女方家举行婚礼的访妻婚不同，足入婚是在男方家举行婚礼，但是结婚后却需要妻子白天在丈夫家劳动，夜晚回娘家住宿，丈夫随妻前往。这种婚姻状态有些像一脚门里一脚门外、相互试探的意思。在这种状态下，女方不仅将个人财物放在娘家，就连孩子也要生在娘家，等到男方的父母把自己的次子以下子女安排妥当要退隐时，长子夫妻往往已经在女方家居住了 10 年以上或生了三四个孩子。这时，妻子连同自己的财物一起搬到夫家，并同时成为主妇。因此有人认为，足入婚是访妻婚向完全"出嫁婚"转变的过渡形态。

"出嫁婚"源于镰仓时代的武家社会。与皇家贵族不同，武家提倡"作为武家者应该一夫一妻"，而武家提倡的事情往往来自民间的习惯，自然存在社会基础。一夫一妻制与家长制的出现是相辅相成的，同时把妻子娶到家里来也是必要条件。因此，家长制、一夫一妻制和出嫁婚一起在武家社会渐成风气，而在明治时代，出嫁婚几乎替代了其他所有婚姻形式，变成全国的普遍形态。

出嫁婚的前提是在婚姻成立的同时，妻子需要到夫家共同生活，同时也把自己的一应物品搬入夫家。然而有些地方仍然保留着部分传统习俗，例如，女方出嫁后只能一人来到夫家，而出嫁物品（衣橱、梳妆台等）、随身用品和衣物等则放在娘家，数年之后才能搬入夫家；女方嫁入夫家之后，仍然需要在一定期间内为娘家付出劳动，甚至需要回娘家生孩子。

值得一提的是，在日本传统社会习惯中，妻子与"主妇"往往并非同一个概念，只有长子的妻子在丈夫继承了家长的名分之后才能够成为主妇，也就是说，在一个家庭里似乎不可能同时存在两个主妇。为了避免两代媳妇或同一代的多个媳妇同时存在于一个家庭之中，长子在继承家长权之前只能过"访妻婚"生活，在父亲出让家长权（同时，母亲也出让主妇权）退隐之后，才能把妻子带回家；次子、三子等结婚之后必须另立分家，搬离父母家。因此，家里始终保持只有一个主妇的状态。当然，次子及其以下男子因为结婚后是自立门户生活，所以其妻子从一开始就自然是他们小家庭的主妇。不过，当他们的下一代长大成人结婚之后，仍然需要重复上一代的方式。

也就是说，主妇主要存在于"本家"这样的家族之中，主妇在家庭事务方面具有绝对主导权，即便是家长也在其管辖之内。在民间信仰中，一家的母亲也被称为"十二样"，说她一年生 12 个孩子，是丰产多收、抚养和保护家庭的女神。在传统农村社会，主妇是家长的支持者、协助者，是家庭的供养者，她不仅安排家庭生计，分配和保障生活资材，还是家庭子女培养、邻里关系、亲戚关系、婚丧嫁娶、祖先祭祀、节庆安排等事务的主导者，甚至在丈夫早逝、长子尚幼的情况下可以对外代行家长权力。

主妇权力的象征是勺子和锅盖，在正常情况下这两样东西是不许别人触碰的，因此日本男人习惯上不下厨房，不自己盛饭。一般在家长退隐时，主妇也把"主妇权"转让给媳妇。转让主妇权的仪式一般在大年三十晚上进行。主妇把勺子放在锅盖上一起交给媳妇，并把家里主妇的座位让出，从此不再过问家庭事务。

在核家庭成为主流的现代社会，传统意义上的主妇及主妇权已经不复存在，但是其传统意识及习惯仍然有所残留。世人常说日本是一个男尊女卑的社会，其实并不完全正确，应该理解为角色的体现不同。在现今社会，丈夫属于社会，在外打拼；妻子属于家庭，在内操持家务。丈夫是"工资搬运工"，除把工资交给妻子并从妻子那里领取零花钱之外，几乎不过问家里的事务——从每天的家务料理、食物采购、收支安排、子女教育、老人照料，到社区活动、邻里亲戚相处、人情礼仪，等等，任由妻子安排。尤其在"单身赴任"成为常态的现代日本社会，丈夫往往常年工作在外地，妻子肩上的责任和精神压力可想而知。过去长期存在的"访妻婚"家庭形态和今天丈夫不理家务或不在家、不关心家庭的状况，在某种程度上存在相通之处——那就是孩子都是在"父亲不在"的状态下成长的。如此成长起来的日本人在性格上会形成很多特点。例如，女人显得更为自立、隐忍、坚韧，男人则显得恋母情结严重、依赖心理强。

最后，涉及一下日本的离婚传统。在律令制时代，日本在中国制度的影响下出现过有关离婚的规定，例如，除非不生不育、不孝敬父母之外，丈夫不得弃妻等，但是具体实施情况不详，想必只是仿制的法律条文。当时社会婚姻形式处于妻问式阶段，如果男方不再到女方家里，应该就算是婚姻关系终止，所以真正意义上的离婚可能事实上并不存在。从资料上看，镰仓时代夫妻关系比较平等，男女均有提出离婚的权利，也有案例表明妻子向地头申诉丈夫贪婪、无情而获得离婚许可的情况。室町时代以后，随着出嫁婚的普及以及婚后生活以夫家为主，离婚便开始意味着女方离开夫家，这时候的离婚被称为"辞退"，因此离婚的主动权完全掌握在男方手里。

到了江户时代，无论是在法律上还是在道德上，妻子都没有权利提出离婚，但是幕府规定离婚成立时，男方有义务向女方提交休书，即"离缘状"。当没有拿到休书而再婚时，男女双方都要受到惩罚。当时的休书格式叫作"三行半"，需要男方亲笔书写。如果不会写字就画三行半竖杠，然后捺上手印即可生效。男方离婚似乎并不需要特殊理由，"感情不和""关系不睦"，或者干脆就写"由于我等原因"即可，但是女方想要离婚十分困难。为了达到离婚目的，她们往往求神拜佛祈愿神灵助力，或者干脆就离家逃跑。日本现在也有这样的现象，日语叫做"蒸发"。在镰仓、室町时代，女方一般是跑到武士家、神社或在山野中修行的僧侣那里寻求庇护，而在江户时代则盛行逃往寺院成尼。一旦女方削发为尼，一般情况下离婚也就自然成立了，但是寺院会出面召唤当事人进行调解。如果调解成功，男方会把休书交给女方；如果男方坚持不离婚，那么女方就不得不在寺院住上三年才能获得自由。

二、日本的语言文化

（一）日语的历史

1. 日语的诞生

日语是日本国家的官方语言，自古以来为日本民族所使用。在记述日语的历史的时候，我们不禁要问日语诞生于何时？"日语"顾名思义，就是日本的语言之意，它与日本这个国家的名称密不可分。学界一般认为，在公元 7 世纪后半叶才出现了"日本"这个名称，也就是说，那之前的日语似乎应该称为"倭国语"更为准确。当然，既然我们讨论的是日语这种语言本身，不能仅仅将其与某个国家或者地区的名称的出现相提并论。日语具有与其他语言不同的性质，日语的发展是一个连续而不间断的过程，因此我们暂时抛开与国家名称的关联，将其作为远东一个岛国的语言来讲述它的起源。

我们现在可以发现的最古老的日语应该是刻有"漢委奴国王"字样的金印。有学者认为"委（倭）"这个国名来源于第一人称指示词"ワ"（"我が"中的"ワ"），虽然学界看法不一，但是"倭"这个汉字后来又被读作"やまと"（"大和"之意），可见这个名称的使用具有相当的连续性。以此为线索，我们可以追溯到公元 57 年，《后汉书》中记载光武帝向倭国使者授予印绶。《魏书》东夷传倭人一章的记录中出现了"卑弥呼""卑狗"等词，这说明在公元前后"日语"已经存在了。遗憾的是，目前尚未发现在这之前的史料，无从考证此前日语的状态。

"系统论"研究某种语言出自何处，那么日语属于哪一系统呢？迄今为止学界对此意见不一。有人认为日语与朝鲜语、缅甸语、泰米尔语可归为一类，有人则认为日语与阿尔泰诸语言、澳大拉西亚语族同源。目前比较通行的观点是，日语并非与某种其他特定的语言属于同一系统，其成立经历了相当复杂的过程。

从日语的特征来看，词头没有"r""1"的发音；具有母音调和的特点；没有人称、性、数、格的变化；不使用前置词，而使用后置词；修饰语在被修饰语之前。以上这些特征体现出明显的北方系统语言的要素，而音节以母音结束、头子音不会同时出现两个以上、身体词汇具有共性等特征又体现出南方系统语言的要素。由此可见，在这个远东太平洋的岛国，以南方系统的澳大拉西亚语族为基础，又受到北方系统阿尔泰诸语言的影响，最终形成了具有多样性特征的一种独特的语言。不仅语言如此，日本人的身体特征也存在着同样的情形。

弥生文化深受北方系统要素的影响，因此北方系统的语言影响日本列岛的语言，应该是在弥生时代之后。有文献记录之前的日语，萌芽期应该就在这一时期。

琉球方言有自己的发展历史，因此也有学者将其看作日语的"姐妹语言"，称为"琉球语"，不过从其语言特征来看，已经证实与日语具有亲缘关系，一般仍被视为日语两大方言之一。我们说"日语"如何如何时，往往无意识指示的是中央语言，也就是普通话，但是我们不能忘记日语中也存在着具有不同特征的方言。

2. 口语的发展

我们所说的日语的历史基本上记述的是口语的历史。文字发明之后，书面语随之诞生，当时的书面语应该完全是口语的记录。但是当书面语逐渐确立了规范的体系之后，与口语的差距逐渐增大。就日语而言，平安时代之前，口语与书面语之间几乎没有差别，但是到了镰仓时代之后，逐渐形成了以平安时代的语言为规范的书面语。口语随时反映着语言的变化，与此相对，书面语具有守旧与保守的特性，两者之间的差距随着时代的发展自然逐渐增大。自 1887 年开始的"言文一致运动"之后，才重新开始使用基于口语的书面语。

记述日语的历史，第一要务是阐明不同时代语言的变迁，因而自然首先要求记录口语的历史。虽说古文（也就是书面语）中也一定程度反映了口语的特点，但是两者之间的差距这一历史的断面所折射出的语言面貌，才是语言发展的历史原貌。当然，口语中既包括通俗的语言，也有相对正式的语言，并非一成不变。

3. 日语史的时代划分

我们经常以"古代""中世""近代"这些词来把握一个历史时期，可是这些名称到底是以什么为依据划分的呢？

事实上，"古代""中世""近代"的划分最初始于欧洲文艺复兴之后，这其中包含着如下的含义：可以奉为模范的古代、作为古代复兴的近代，以及介于两者之间缺乏个性与理性的中世。后来随着历史的时间跨度日益增大，又将市民革命、产业革命之前的时代称为"近世"。

但是不可否认的是，这一划分不可避免地在我们的头脑中根植了这样一个观念，那就是只有近代才是最具人性、个性与理性的时代，让我们在潜意识中形成了"圣贤的古代""黑暗的中世""光明的近代"这样一种历史认识。当然，如今对于古代与中世的定性已经与欧洲文艺复兴时代不同，也还没有哪一种历史时代的划分能够如此深入人心。而且，随着我们对于每个时代了解的深入，生活在那个时代的人们，他们的喜怒哀乐、价值观、人生观也逐渐为我们所知，我们的历史意识自然而然会得到修正。因此，我们无须拘泥于时代划分的名称，不要陷入近代中心主义的窠臼，而应客观公正地理解各个时代的不同历史面貌，虚心地审视历史发展的脉络，从而实现对历史真正的理解。

关于日语历史的时代划分也不可避免地受到了欧洲文艺复兴时期思想的影响。按照古代、中世、近代的三分法，将古典语言成立之前（—1086）的语言称为"古代语"，将古典语言面貌逐渐发生变化的院政时代至安土桃山时代（1086—1603）的语言称为"中世语"，将呈现现代语言面貌的江户时代之后（1603—）的语言称为"近代语"。按照古代、中世、近世、近代的四分法，古代、中世部分与三分法相同，而江户时代（1603—1868）的语言被称之为"近世语"，明治维新之后的语言归为"近代语"。日本历史和日本文学史的时代划分一般也采用以上的划分方法。

4. 日语变迁的机制

语言随着时间的推移不断发生变化，这其中有诸多原因，总的来说可以分为两大类，即语言内因素与语言外因素。前者主要是为了修正语言体系内的不均衡与不完善现象。例如，由于ザ・ダ・バ的浊音逐渐失去了鼻音要素，ガ行鼻音也随之逐渐衰退，以维持语言整体体系的均衡。又如助动词"ない"大约在16世纪的时候（室町时代后期至安土桃山时代）产生于关东地区的方言之中，当时仅有终止连体形，到了19世纪（江户时代后期），根据形容词"ない"类推有了"なかう""なかっ（た）"这样的活用形变化。

所谓语言外因素，主要是为了实现更加高效顺畅的信息传递，或者是受到人们在语言方面喜新厌旧的心理的影响，以及与外语接触后产生的社会性影响等。外语对日语产生的干涉现象可能是直接借用或翻译外语的词汇，也可能是产生语法方面新的用法，比如以无生命事物作为主语的使役用法等。将欧美等西方国家的语言直译为日语使用，自然会使日语中产生非日语的要素。在古代，日语受到中文的影响更是无比深远的。

语言的使用者总是试图使语言表达更加清晰，这一需求也会使语言产生很大的变化。此外，有些词形会模仿其他使用频度更高的优势词形发生变化。例如"輸出""輸入"这两个词里的汉字"輸"原本发音作"シュ"，后与汉字"兪"的读音混淆，也发音作"ユ"。

可以说，语言支撑着人类最基本的活动，在人类活动的每一个新的现场进行实时表达。语言既有惯性和惰性，总是要继承之前的东西，又永远孕育着新的变异。在这样的一种变化机制之中，语言不断演变，走向新的未来。

（二）日语的特点

1.日语的语音特点

日语是独立语，不属于世界上的任何语系。在语音方面，日语只有 5 个元音，14 个辅音，2 个半元音和 3 个特殊音，共计 24 个音素。音素是语音学上的最小单位，但是人们在实际语言生活中能够直接感受到的不是音素，而是音节。日语的音节数量非常少，共 103 个，而且除拨音、促音、长音 3 个特殊音节之外，都是以元音结尾，为开音节。

大约在 10 世纪日本文字即假名形成时，日本人用假名把音节制作成一个表，称为"五十音图"。这是学习日语发音和语法时的重要依据，但是这个音图现在已经不能完全反映日语音节的全貌了。

一个词往往由一个乃至数个音节构成，音节与音节之间存在着高低、轻重的配置关系，被称为声调。日语的声调属于高低型，与轻重型声调的语言相比，日语听起来显得比较轻柔。声调是约定俗成的社会现象，具有辨义功能。但是日语的声调远不如汉语那么复杂和严谨，辨义功能亦不很强，有一些词的声调甚至因地域不同而存在正好相反的现象，还会因接上助词、助动词之后发生变化。

相对而言，日语的元音、音节数量较少，发音部位和发音方法相对简单，声调辨义功能不强。因这些特点的存在，初学日语的外国人会感到日语容易上口，比较容易掌握。但是与此相对，这也给日本人学习外语时带来了麻烦，使他们面对比日语复杂得多的外语发音往往会望而生畏。另外，日语的音节数量和发音与日语的假名文字完全一致，因此日本人能够很容易地辨认和掌握书写技能。据说，日本儿童在小学一年级的第一学期结束时，就能够用假名自由地写出自己的所思所想。当然，音节数量少导致日语中产生大量的同音异义词。同音异义词的大量存在往往使日语听起来不容易理解，而在视觉上则不得不更多地依靠汉字。

2.日语的文字特点

生活在汉字文化圈的人在阅读日语文章或到日本旅游时，会发现到处都是汉字，从而产生一种亲近感，并由此形成日语肯定好学的错觉。其实，日语中除汉字之外，还使用假名（平假名、片假名）、罗马字。多种文字混杂交织在一起，令人眼花缭乱。这种以汉字、假名为主混写的现象，被称为"汉字假名混合文"，是现代日语的标准书写方法。

在这种情况下，汉字、平假名、片假名原则上各司其职，其中，汉字主要用来书写具有实质性概念和意义的部分，如"自動車"等名词、动词、形容词等的词干部分。由于汉字是表意文字，适当地使用汉字行文对于辨别和理解词义很有好处，尤其是对同音词。但是，由于汉字的发音复杂，过多地使用会增加阅读难度，容易使人丧失阅读兴趣；然而，汉字过少则容易导致词与词之间的间隔模糊，使词义不好理解。为了解决这样的问题，日本的幼儿读物或面向外国人的日语初级读物，都尽量减少使用汉字，同时在词与词之间留出间隔。有调查表明，在报刊文章中，每百字汉字数量以 35 个为宜；在一般性文章里，每百字汉字数量以 20—40 个为宜，综合看来汉字的使用量在 40% 以内。

那么，日本人至今为止总共接触过多少汉字呢？日本收录汉字最多的辞典是 13 卷本的《大汉和辞典》，共收约 49964 个汉字，其中包括现在已经不用的字和异体字。但事实上，在目前日常使用的"汉和辞典"中，汉字的数量要少得多，一般在 1 万到 1.5 万字。据"二战"之后的调查来看，现代日语报刊和一般书籍中使用的汉字数量不超过 4000 个，而现在日本人能够做到日常读写的汉字在 2000 个以内。

出于教育及社会生活的需要，日本政府自"二战"以后开始对汉字使用采取限制措施，例如，在 1946 年首次颁布了"当用汉字表"。据此，在法令、公文、报刊以及一般社会生活中可以使用的汉字为 1850 个，人名、地名除外。1981 年，日本政府又在"当用汉字"的基础上制订公布了"常用汉字表"，规定常用汉字为 1945 个，随后日本法务省又公布了"人名用汉字"166 个。因此，日本人目前需要在基础教育阶段掌握 2111 个日语汉字。除字数之外，"常用汉字表"还对这些汉字的字体、读音、使用等也制订了详细规范。

日语中大量使用汉字，对于汉字文化圈以外学习日语的人来说，是最令人感到头疼的问题，但是对于中国人来说则倍感亲切，甚至有人由此误认为日语好学。然而，日语中的汉字对于中国人来说只不过是眼熟而已，其实绝大部分并非看上去那么简单。比如"強"与"强""読"与"读"等字形上的差异，"湯"与"汤""娘"与"娘"等字义上的差异，比比皆是。如果在日本街头巷尾看到的"湯"字招牌，它的意思是"浴池"；而"娘"字在日语中是"女儿、女孩子"的意思。此外还有一些汉语中没有的、日本人创造的汉字，例如"榊""峠"等所谓的日本"国字"，它们的字形和字义都与汉语没有关系。另外，日语汉字的读音十分繁杂，很多汉字拥有"音读"和"训读"。根据不同意思、不同组合、不同场合等语境，即使是同一个汉字读音也不尽相同。有时，一个汉字的读音少则有一两种，多则有十几种乃至几十种，要做到一一掌握亦非易事。

在现代日语中，假名共有 46 个。这 46 个假名各有两种写法，一种叫"平假名"，另一种叫"片假名"。同一假名发音虽相同，但书写有两种方式，须同时掌握。一般认为，平假名由汉字的手写体，即草体演变而来，最初被称为"女手"，即受到平安时期女性文学的影响而成，因此字形圆润柔美。片假名的"片"即不完整的意思，由汉字字体的一部分演变而来。起初片假名被称为"男手"，经研习汉文经典的男人尤其是僧侣之手，取汉字的一部分而来，因此字形横平竖直、棱角分明。总之，无论是平假名还是片假名，它们的母体都是汉字。

在现代日语中，平假名多用于书写助词、助动词以及活用词的词尾等表示语法功能和含义的部分，另外也有一些词汇约定俗成地使用平假名书写。相对而言，片假名的使用范围比较狭窄。片假名当初作为标音符号的功能在现代日语中仍然存在，多用于书写外来语、西方的地名、人名等特殊词汇。另外，需要在视觉上强调或提示时，也往往将正常情况下使用平假名或汉字书写的词用片假名书写。例如，拟声拟态词、感叹词、俗语、隐语、方言、动植物名称、专业学术等等。

此外，日语中还有一种文字叫作"罗马字"。罗马字是 16 世纪通过天主教传入日本的音素表音文字，即拉丁文字。在江户时代末期，罗马字在西方学术思想的影响下曾经盛行一时，甚至在明治维新之后还受到政府的大力推行。但是由于缺乏实用性以及不利于开展英语教育等原因，"二战"结束后罗马字在中小学校教育中迅速衰退，目前只要求达到能够读写单词的程度。在现代日本人的语言生活中，罗马字一般只在需要标注地点、车站、公路名称和人名的日语读音时使用，基本上相当于汉语拼音的标音功能。除此之外，已经基本上不再出现于日语文章之中了。

3. 日语的词汇特点

现代日语的词汇与文字一样，也体现了多样性特点。

首先，日语词汇从词的来源上看可以分为三类：和语词汇、汉语词汇和外来语词汇。另外，还有一种被称为混种语的词汇，即由以上三种词汇要素混搭而成的词汇，一般不独立考虑。在现代日语中，这三种词汇往往与多种文字相互照应，混杂出现在同一语境之中，使日语文章在视觉上表现得丰富多彩，甚至有些眼花缭乱。

和语词汇顾名思义属于日本的固有基础词汇，即在汉字汉文传入日本之前就已经作为语言存在的本土词汇。在现代日语中，可以归纳出和语词汇具有以下三个特点：第一，和语词汇虽然也使用汉字书写，但前提条件是读音必须是训读。

换句话说，在同为汉字书写的情况下，采用训读的词可被视为和语词汇，而采用音读的汉字词可被视为汉语词汇。也就是说，判断是否是和语词汇，重要的不是看它是否使用了汉字，而是看它是否训读。第二，从语音结构上看，和语词汇的音节数量比较少，即词形比较短。除去接辞和活用词尾之外，多数和语词汇的词根都由一个或两个音节构成。音节数量少容易产生同音词，词义也容易混淆，因此有些词形过于短小的词渐渐地增加了音节。第三，和语词汇中用于表示人体部位和感官、情感以及自然风物的词比较丰富，而且被较多地使用于日本传统的和歌、俳句以及小说等文学作品之中。另外，女性相对使用得比较多。

汉语词汇主要指从汉语中吸收的中国语词汇，从来源上看应该属于外来语，但是由于传入的时间久远，使用的范围广，融入度高、影响大等原因，日本人在心理上并不视其为外来语。汉语词汇可以完全使用汉字书写，其突出特点是"音读"，即采用音读的汉字词汇，然而，近现代以来从汉语中借用的词汇，有一部分习惯上使用片假名书写的词汇不属于汉语词汇。有一些虽然不是来自中国语，但是用汉字书写且是音读的词汇，也被视为汉语词汇。

汉字的表意功能导致其具有很强的造词能力，这也是日语中汉语词汇数量庞大的主要原因之一。由于表意性强，表达简洁，语感庄重等原因，汉语词汇较多被使用于政治、经济、科学技术以及公文、讲演等文体当中，而在日常生活中娱乐性、趣味性较强的文章中被使用得相对较少。另外，相对而言，男性使用得较多，而女性使用得较少，还有就是汉语词汇中同音异义词较多，虽然在视觉上很容易辨义，但是在听觉上容易令人费解。

在日语中，外来语词汇也被称为"西洋语""洋语"，是主要源于西方各种语言的词汇，是伴随着西方文化传入日本的。1530年，葡萄牙人乘坐的船只途中遭遇台风而漂流到日本南部，各藩主为了商贸利益而允许葡萄牙人在自己的领地传播天主教，并开设教会学校、医院等社会福利设施，从此葡萄牙语、西班牙语等西方语言词汇开始传入日本，开启了外来语涌入日本的第一次浪潮。1609年，西班牙商船驶入日本，开始了与日本的贸易活动。由此，医学、天文、地理、物理、化学、数学等西方的先进科学、文化以荷兰语为媒介进入日本，在全国迅速形成了"兰学热"。因而荷兰语等西方语言词汇大量涌入，这是外来语传入日本的第二次浪潮。1853年，美国佩里率军舰叩关，美欧语言词汇以此为开端全面涌入。在"二战"之后，由于美军对日本的占领，美国文化也对日本产生了长期而广泛的影响，此时对外来语的吸收也几乎反映出"一边倒"的美国文化特征。总的来看，日语的外来语词汇是在日本与西方交流中同步产生的，而且通过外来语也可以发现日本与西方各国交往的时期及其密切程度。

在 19 世纪末以前，日本主要是利用汉字翻译吸收西方语言词汇，但是此后则逐渐放弃了这种方法，而是改用音译来直接借用。采用音译借用的外来语词汇，其明显特征是使用片假名书写。准确地说，是将使用片假名书写来自外国语言的词汇称为外来语。外来语对于日语词汇的发展起到积极作用。它促进了日语词汇的及时更新，丰富了日语词汇，增添了语言的现代感和活力。随着日本外语教育水平的不断提高，日语中的外来语词汇呈现不断增多的倾向，甚至在日语文章中还出现了直接使用英语等词汇的倾向。

4. 日语的语法特点

从语言形态分类角度来看，日语属于黏着语，即语言中存在附加成分附着在词根或词干上构成句节（文节）表示语法形态，然后句节之间以某种关系构成句子。

根据词的语法性质以及在句子中的作用，日语的词一般分为 12 种词类。其中，动词、形容词、形容动词 3 种被称为"用言"，名词、代词、数词 3 种被称为"体言"，此外加上连体词、副词、接续词、感叹词 4 种，这 10 种被统称为"自立词"。另外还有两种被称为"附属词"的助词和助动词。关于词的特点，首先，自立词在句子中可以单独构成"句节"，即句子成分，附属词属于附加成分，必须附着、黏着在其他词之后，与其他词结合在一起才能够构成句节；其次，自立词中的三种用言以及附属词中的助动词可以发生词尾变化，因此也被称为"活用词"，而其他 8 种词无词形变化。在日语语法中，用言和附属词构成日语语法的主要特征，它们对于日语学生来说是日语语法的重点和难点。

活用词的难点在于其词尾变化，即活用。根据句子要表达的意思，活用词的词尾往往需要发生变化，而如何变化需要根据后面附着的附属词而定。活用词的词尾变化较多，被称为"活用形"。例如，动词的活用形有未然形、连用形、终止形、连体形、假定形、命令形 6 种，形容词和形容动词的活用形除无命令形之外有 5 种。在这方面，动词还根据形态不同而被分为五段活用、一段活用以及特殊变格活用。活用的种类不同变化规律也不同，显得复杂多变。因此关于活用词，不仅需要掌握它们不同的变化规律，还需要掌握附属词的接续特点。

附属词中的助词没有词形变化，它需要附着在自立词之后构成句节，表示一定的语法含义和句子成分。助词总体上分为格助词、接续助词、副助词、终助词 4 种，数量比较多，附着的特点也各有不同。例如，格助词有 10 个，均接在体言后面，分别构成主语、补语、宾语等句子成分。

助动词也是附属词，需要附着在自立词的活用词之后构成句子成分，数量也比较多。根据其在句子中所表示的语法含义，具体分为断定助动词、否定助动词、推量助动词等 14 余种。助动词也属于活用词，与用言一样存在词尾变化。根据它们的变化特点可以分为动词型、形容词型、形容动词型、特殊型以及无变化型等。同类型的助动词与同类型的用言活用种类及形态特点基本相同。另外，助动词在词尾变化之后，还可以根据需要在其后面附着其他助动词，直至句子结束。

在现代日语中，日语词类中的自立词可以单独构成句子成分，但是更多情况下是在其后面附着附属词构成句节，然后构成句子。

5. 日语的句子特点

日语句子的总体特点是主语在前，谓语在后，补语、状语、宾语等位于其间。但是，日语句子成分的顺序并不十分稳定。尤其是在口语中，根据突出的重点不同，语序经常出现换位或者颠倒现象，灵活性比较大。

日语可以把需要强调的成分放在句子前面，且句子成分和意思并不因语序的变化而改变。之所以如此，主要原因在于助词起到规定语法含义的作用。附着某种助词的句节放在什么位置都不会改变其语法含义。尽管如此，主语在前、谓语在后仍然是日语句子的常态，尤其是谓语在后具有极其重要的意义。

日语句子的结尾部分，即句尾承担着语法意义上的重要功能。例如，日语句子的陈述句、疑问句、感叹句、命令句以及存在句、肯定句、否定句、时态体、文体等都是由句尾的形态决定的。因此，无论多么长的句子都必须听到最后、读到最后才能明了这句话究竟是什么意思，是在说明什么问题。日语的这种特点，格外要求口译译员具有超强的大脑记忆和语言整理、反应能力。

日语句子结构比较松弛，除语序不十分稳定之外，还表现在经常出现句子成分的省略现象。这与句法比较严谨的汉语、英语等语言大相径庭。日语句子经常出现主语省略。除此之外，日语的省略现象在语音、词汇等方面也有所表现。但总体看来，主要出现在口语中，尤其是在关系比较亲密的日常谈话之中出现得较多，而在比较严肃、庄重的场合出现得较少。较其他语言而言，日语的表达和理解对语言之外的"弦外之音"，即对语境的依赖程度较高，导致人际交流中语言的使用量相对较少。当然，这与人际关系的亲疏远近密切相关。关系越亲密，理解度越高，从而对语言的依赖度越低，因此省略现象也就越多，发展到极端就变成相互之间的"无语"交流。例如，多年的老夫妻每天几乎无语言交流，但并不影响日常生活。日语省略现象之所以频繁发生，多与日本文化中主张的"以心传心"密切相关。

（三）日语的称谓

1. 称谓语的选择规则

在漫长的历史发展过程中，日语的称谓形成了自己的语言体系和特色。在现代日语中，称谓语可以从以下五个方面进行归纳。

第一，在人称代词方面，日语有第一人称（自称）、第二人称（对称）、第三人称（他称）之分，但是与其他语言相比，日语的人称代词种类繁多，较为复杂。

日语用于同一指向的人称代词存在多种变化，如此多的人称代词变体，需要人们在日常生活中依据性别、年龄、场合，以及相互关系的亲疏远近、长幼尊卑等因素进行选择使用，而这对于一个外国人来说无疑是难以理解和把握的。关键是，这么多的人称代词在日本人的日常生活中却往往都被省略不用，而是用职务名称、亲属名称等其他方式替代，这一点也是需要了解的。

第二，日本人也将姓名或姓、名直接用来称谓。例如，"田中正夫""田中"和"正夫"，这一点与中国人的习惯没有太大区别。在日本人之间，称呼全名最为庄重，只称呼其姓次之，而只称呼其名则显得较为亲近、随意。在一般情况下，使用姓名类称谓需要避免"直呼其名"，而需要在姓名之后加上接尾辞等附加成分来表现人际间的上下内外、亲疏远近关系，以及不同的性别、场合等。

第三，表示亲属关系的名称用作称谓，是各民族语言中都存在的普遍现象，日语也如此。但日语的特点是，亲属关系称谓语只标明辈分而不区分父系、母系、直系、旁系，且在同辈中也不标明长幼顺序。也就是说，汉语的"伯父、叔父、姑父、舅父、姨夫"在日语中都是用一个"おじ"称呼，"伯母、婶母、姑母、舅母、姨母"在日语中都是用一个"おば"称呼。在需要明确系别和长幼时，一个特点是，以如"父方のおじ""母方のおば"或者"上の兄"或"二番目の姉"这样加以特殊区别。另一个特点是，同一种称谓存在较多变体，例如，有"父亲"这个称谓，就有"お父さん、父、父親"等多种说法。这些变体选择的依据往往是直接称呼还是间接称呼，是指称自己的父亲还是指称他人的父亲，甚至是在口语中还是在书面语中。不同语境选择使用不同的词语称谓，这是外国人不太适应且需要特殊了解的方面。

第四，是身份、地位类称谓语。一般来说，身份、地位类名称用于称谓往往发生在对有"权势"的人的称呼之中，即是在社会关系中下者对上者称呼的最佳选择。在日语中，"社长、部长、次长、课长、主任、店长"等如是之，"先生、教授、先辈"等如是之。它们的特点是，既可以单独使用，也可以加在姓名之后，例如田中社长等一起使用。

第五，是职业名称类称谓。与中国人一样，日本人也把职业名称用作称呼。日语中用职业名称作称呼时，须在其后加上接尾辞"さん"，或同时在其前加上接头辞"お"。职业名称类称谓之多如同职业的种类，可谓数不胜数。另外，作为日语的一种特殊现象，日本人在不知道对方姓名、职业、地位而只知道其工作单位的情况下，是在单位名称后加上"さん"作拟人化处理来用作称呼。

2. 称谓的文化规则

称谓语属于语言体系，而称谓的选择则属于社会文化体系。在人际交往中，如同人们相互之间交换名片、礼物时，需要斟酌自己与对方的关系来确定如何接递名片、互赠什么样的礼物一样，称谓也需要因人而选择不同的称谓方式。称谓的选择需要依据人际关系，而人际关系中既存在社会因素，也存在文化传统、价值观念乃至思维方式的差异。因而，不同民族的称谓表现出各自的特点，构成各自的规制，这也是跨文化交际中不可忽视的文化现象。

首先，我们来看一下日本人在家庭中或亲属之间的称谓特点。在家庭内部或亲属之间，除夫妻关系以外，称谓总体上以辈分、长幼为轴心形成上下分明的特色。日本人面对长者时，使用亲属类称谓语，不使用人称代词类或其他类称呼。在日本人看来，使用不表示属性关系的人称代词称呼长者是不恭敬的。相反，长者称呼幼者使用人称代词或者名字，而不使用亲属类称谓语。

在家庭、亲属之间的称谓中，有一种特殊现象是以最年幼者为核心，以他对成员的称呼来改变相互之间的称呼，也用来面对他指称自己。

其次，在社会生活中，日本人依据上下关系选择称谓，即上对下、下对上称谓不同。原则上，下对上称呼需要使用表示身份、地位、职务的词语，而不能使用人称代词。

最后，在日本人的社会生活中，也存在亲属关系称谓的泛化现象，如"爷爷""妈妈""阿姨""叔叔"等也可以用来称呼亲属关系以外的人。但是，在与青少年和小朋友打招呼时，不称"小弟弟""小妹妹"，也不称"小朋友"之类，而是用"お兄ちゃん"（小哥哥）、"お姉ちゃん"（小姐姐）称呼。还有一个有趣的现象是，日本人还将"母亲"这个概念的称谓泛化，用于社会生活之中。例如，在餐饮业、娱乐界，业内职员及客人往往习惯用"ママ""ママちん"（妈妈）来指称老板娘，"下宿"（提供膳宿的寄宿）的青年学生也习惯称房东为"お母さん"（妈妈）等。这种现象的存在源于日本传统家族的特殊结构，即在近代以前，日本家族并非完全是血缘性群体，因为它"能够把不同类属的成员包括进来……这种家族里，不仅毫无血缘关系的外来人可以被请来作为后嗣或继承人，甚至仆役、管家也可被吸收为家庭成员，并以家庭成员相待"。这种家族结构传统，对于理解日语亲属关系称谓的泛化是有帮助的。

（四）日语的寒暄

1. 寒暄的类别

日本人喜欢寒暄、重视寒暄。无论是家庭、幼儿园还是小学都将寒暄作为基本教养进行严格、规范指导，要求寒暄时声音要洪亮、姿势要端正，要面带微笑，并伴有点头、鞠躬等肢体动作。因此，日本人通过寒暄给很多外国人留下礼貌、和蔼、谦恭、热情等美好印象。

从形式上看，日本人的寒暄可以被归纳为认同性、礼仪性和社交性三个方面。所谓认同性寒暄，可以看作一种日常的嘘寒问暖式问候。其特点是，主要发生在相互熟络的人之间，比如家庭、亲属之间，街坊邻居之间，公司、单位的同事之间等，即发生在生活圈子中的熟人社会。因此，认同性的寒暄具有一种群体成员之间的认同功能。这类寒暄的时间、场合以及语言都趋于定型化。

所谓礼仪性寒暄，可以理解为一种礼节性的客套话，它包括日常生活中简单的问候、关心，也包括逢年过节、婚丧嫁娶、生日、入学、升迁荣转、新居乔迁等场合的登门寒暄。表示关心的简单问候往往也是想要进行交流的心理暗示，如果对方有意，便可以由此展开话题。礼仪性寒暄的功能主要在于增进情感交流，建立和加强社会联系。除当面进行寒暄之外，在很多情况下还可以利用电话、短信，而显得庄重，而广为使用的做法是亲自手写明信片、贺卡、书信等。另外，这种礼仪性寒暄还往往伴随礼物的馈赠，构成日本馈赠文化的特色的一部分。

社交性寒暄也可以被称为致词类寒暄，包括自我介绍、讲话、致贺词、悼词等，以场合公开、一人对多人为特点，用语庄重且仪式感强。社交性寒暄具有特殊性，并非在日常生活中常用。

2. 寒暄的特点

寒暄行为具有鲜明的民族特征，是一个民族的文化心理反映。观察日本人的寒暄行为，可以发现它存在如下几个方面的特点。

第一，日本人喜欢寒暄、频繁寒暄，实质上是群体社会生活的需要，其认同性也是寻求群体归属的文化心理反映。传统上，日本是一个群体意识很强的社会，群体成员之间的相互关心表现在社会生活的各个方面，其中寒暄是重要表现之一。日本人在离门外出、包括离家和离开办公室时必定要说"行ってきます"（我走

啦），而回来时说"ただいま"（我回来啦），而在家里的人、单位里的人则回应说"行ってらっしゃい"（你走呀）、"お帰りなさい"（你回来啦）。虽然把这样的说法直接翻译成汉语显得平淡无奇，但是日语的语感则会让人体会到群体的存在，而不是孤立的个体。

第二，在群体主义社会，用于寒暄的词语一定是人们最为关心的共同感受。例如，中国人在相当长的历史时期最为关心的是吃饭问题，所以"吃了吗？"便成为最为常用的寒暄语。日本人的寒暄中最为常见的是有关天气变化情况的用语。而在书信中，至今还是由时令问安开始，这是铁律。日语寒暄语的这个特点，折射出自然农耕社会对时令、气候的关注，进而形成传统村落社会的共同价值观。寒暄语是敏感的，它伴随着社会生活的变化而变化。今天，中国已经很少有人再用"吃了吗"寒暄，而日本随着现代化社会的发展，长期脱离农村生活的城里人对天气变化也不再像以前那么敏感。

第三，寻求和谐也是日本人喜欢寒暄的心理表现。"以和为贵"是群体社会人际关系的核心价值观，这在寒暄上的反映就是"感恩戴德"，即对于对方给予自己的关照、帮助、好处，哪怕是微不足道的一杯茶、一个水果都一定要有感恩心理，并且要通过寒暄表现出来。因此，日本人饭前一定要说"いただきます"，饭后一定要说"ごちそうさま"，而且显得很庄重、虔诚。很多日本人甚至一个人用餐时也这样说，这说明他感谢的不仅是为他提供食物的具体人，也包括所有与食物相关的人和天地自然。可能是因为这种心理的影响，日本人养成了绝不浪费食物的习惯。

日本人经常挂在嘴边上的一个寒暄语是"よろしく"（请多关照），不但是在初次见面或者有求于人时，就像说"再见"一样被经常说。与其相应配套的是"谢谢"之类的寒暄语。而且，日本人表示感谢并不限于当时、当事，还具有一种反复性和泛化倾向。

第四，在日本这样重视群体的社会，人际关系的上下、亲疏差异也给寒暄的方式带来了不同的选择。在上下关系中，寒暄时下对上主动，表达方式更为恭敬、庄重，而上对下则相反；在亲疏关系中，寒暄时疏者之间相互表现得恭敬、礼貌，并且存在上下关系的考量；但是在亲者之间，上下区别不明显，即比较随和。因此，日语表示同样意思的寒暄往往存在两个以上不同变体，需要依据人际关系进行适当选择。

最后需要说明的一点是，日本人的寒暄基本上发生在同一群体的人之间、熟络的人之间。当日本人认定对方是属于同一个小区、同一所大学、同一个组织的人时，才产生寒暄意识，相反则一般不会主动寒暄。对于被认为是群体之外的陌生人、外国人时，日本人会产生交际障碍，给人以冷漠印象。但是如果对方能够主动与其寒暄、交流，他们便会立即表现出礼貌和热情的状态。因此，与日本人交往，学会主动寒暄是快速拉近距离的有效途径。

（五）日语的副语言

俗话说：打鼓听声，说话听音。我们在进行跨文化交际时，不仅要注意说话人语言的表面意思，还要了解和感受"副语言"的表现形式和内涵。副语言既包括利用发音系统的语音、语调、语速等要素，甚至也包括面部表情、视线、身体动作等内涵。前者通常有声而无固定语义，也被称为"类语言"；后者也被称"体态语"，属于非语言交际领域。这些都是语言交流的一种辅助手段。

副语言的作用通常表现为：一是补充信息，即补充常规语言不足以完整表达的含义；二是替代语言，在不便使用语言表达的某些特殊场合，可以用副语言手段传达信息；三是强调作用，强调重要内容和信息；四是否定语言的作用，即传递语言以外的真实信息。

可以说，副语言是一种表情达意的交流艺术，但是在不同的文化背景下，副语言存在不同的表现方式，代表不同的含义。日本人比较依赖副语言的交际作用，并表现出日语表达的特点。

1. 沉默是金

实事求是地说，日本人不善于语言交流，他们更欣赏"用神情表现内心""少言为上"在人际交流中的价值。

"沉默"，即默不作声，是副语言中较为特殊的因素，也被称为"语空"的一种形式，一般情况下它可以表达沉思、拒绝、反抗等信息，是信息传递的一种手段。但是，日本人所欣赏的"沉默"并非不说话，而是慎言，是主张人际交往过程中需要"以心传心"的文化表现。

首先是在语言交流中不主张自我，不善于长篇大论地阐述自己的观点、意见，更是极力回避争论、理论这样的局面出现。因此，在有可能发生矛盾时，日本人的态度不是默不作声就是表示歉意。另外，日语表达中少见"我"这个词的出现，这也是这种文化的体现。其次是语言表达含蓄、暧昧，体现为省略多，语言量少。

导致日本人形成这些表达习惯的原因，基本上源于以下两个方面。一是传统社会身份、地位差别的影响。在等级森严的社会生活中，人们的言行自然受到限制，话多是禁忌，容易触犯权威而引火烧身，即所谓"祸从口出"。二是受群体主义社会的影响，担心破坏群体和谐而被认为是"与众不同"的人。在这样的社会生活中，人们为了保全自我而必须控制自我表现，于是养成了较强的体察和感受力。人与人之间的交流更多依靠感受而不是表达，日本社会也因此表现出了一种感受文化特征。

2. 随声附和

日本人还喜欢在语言交流过程中"随声附和"，即听话人向说话人表明"我在认真听"。随声附和往往不代表听话人认可或赞同说话人的意见和观点，而只是表明一种态度：尊重对方的讲话，调解和维持和谐的谈话气氛，促进语言交流顺利进行。在日本，随声附和分为两种形式，即有声的"あいづち"（附和）和无声的"うなずき"（点头）。

日本人随声附和的频率非常高，有调查表示每分钟谈话中可多达20次。日本人认为，谈话时随声附和是表示礼貌，如果说话人见不到对方随声附和会感到不安。然而，与中国人在讲完一句话、一件事时做出的反应不同，日本人是在对方讲话的过程当中随声附和。有外国人不了解这一点，反而认为日本人听他人话时态度不认真，没等听完就插话表态，因而影响谈话效果。

3. 眉目传情

在人际交流中，眼神作为表情的一部分具有重要的传情达意作用。眼神能够表达比较复杂的思想感情，但也具有文化差异。

在人与人之间进行交流时，日本人总是努力避免与对方目光接触。为此，在公交车、电车、地铁上，日本人总是在阅读报刊、书籍或垂头假寐，从来不直视他人；而且在两个日本人交谈时，他们往往坐成或站立成直角形，而不是面对面，即使在握手、递送名片或碰杯时也是略微侧身，以避免直视对方。对于日本人来说，回避对方的视线或目光是礼貌，而并非不尊重和反感对方。据研究表明，在不得不面对面交谈时，日本人相互之间将视线放在对方以鼻尖为中心的位置最为合适，而在听会时的最好方法是抱着肩面朝下，或者干脆闭起眼睛。这并不代表他们不认真听，而是在回避与对方的目光接触。这些习惯与中国人完全不同。笔者曾经按照日本人的做法在中国做过多次试验，结果不是被人指出不尊重人就是被认为在开会睡觉。

对于日本人来说，直视或凝视往往意味着质疑、责备，甚至具有一种攻击性和挑衅性，让人不安、紧张和恐惧。例如，相扑运动员在场上的对视就意味着挑战；如果一个女孩在街上发现你在看她，你就有可能被误认为是不怀好意。但是，上司、长辈却可以直视部下、晚辈，因为直视也是"权威"的表现，是在表示提醒、叮嘱，当然有时也是在表示不满、鄙视或者愤怒。同样，部下、晚辈被斥责时，一定要低下头表示驯服，如果目视对方就意味着不服气或反抗。

眼神的示意作用是复杂多变的。在跨文化交际中，善于观察和理解眼神，尤其能够避免一些交流中的不快和误解。

4. 微笑文化

微笑也属于表情表达的一部分，善于交际的人往往善于利用微笑来感染别人，达到交际目的。所谓"举手不打笑脸人"，因为微笑表示谦和、尊重，可以给予对方良好的第一印象，可以创造融洽的交际气氛，也是打破僵局的手段。

受群体文化影响，日本人的忍受力极强，因此也极其善于掩饰喜怒哀乐等情绪。日本社会要求一个人不能因为悲伤就痛哭，也不能因为高兴就开怀大笑，但是在人际交往中，保持微笑的表情却是受到鼓励的。

总体来说，日本人在日常生活中具有两种截然不同的表情，一种是冷峻的无表情，另一种是亲和的微笑。日本的男性多为"无表情型"，如同高仓健一样不苟言笑，而女性多为"微笑型"。与寒暄要洪亮、鞠躬要端庄一样，微笑也是家庭子女礼仪教育的重要内容，尤其是对于日本女性来说，微笑是社会交往中的义务，不管心情愉快与否，面对一切的人都须以微笑相待，而服务行业中的"微笑服务"更是有口皆碑。可以说，微笑既是日本女性处世的"防身之术"，也是日本女性获得贤良淑德赞誉的秘密法宝。

微笑是赋予日本女性角色的义务，是社会交往中需要遵守的"建前"原则，所以日本女性往往是从见面伊始就一直保持微笑的表情，而不因为谈话的内容而发生变化。也正是因为如此，有外国人认为日本女性的微笑在开始时是非常令人产生好感和有魅力的，但是不停地微笑又令人困惑不解。日本男性的不苟言笑和女性的微笑不止都时常令外国人感到费解和不安，但是相反，现代中国人随心所欲的不苟言笑或时而爆发的开怀大笑也往往令日本人困惑和吃惊。

5. 体距的语义

体距即"人际距离"，指人与人之间交往时需要保持的身体距离，经常被人们用作交流情感的空间语言和工具。

从人际关系角度，美国文化人类学者霍尔博士将体距归纳为亲密距离（亲昵圈）、私人距离（亲近圈）、礼貌距离（社交圈）和一般距离（公共圈）四种基本类型。然而，人与人之间的关系是复杂的。一般来说，感情的亲疏、关系的远近、社交场合和谈话内容都会对体距产生影响。在社会交往中，一方面要注意私人空间服从于公共空间，也要注意不同文化的差异。合理的人际距离可以促进交往，不合理的人际距离会阻碍交流的正常进行，甚至会导致误解和不利后果。

体距的最小极限是体触，即身体接触。根据身体接触的多少，文化类型可以被划分为"接触文化"和"低接触文化"，日本文化属于后者。日本人习惯鞠躬，与接吻、握手的文化相比，相互之间需要保持较大的空间距离。因此在与日本人交往时，空间距离过近会使日本人感到不舒服，会让他们不由自主地退缩。传统上，日本人夫妻在一起走路时往往也是一前一后，并保持一定距离，相互拉手的现象更是极其少见。

日本人对身体接触十分敏感，并竭力避免。他们在排队时绝不拥挤，并保持一定间隔，避免触碰。这并不仅是因为文明礼貌。在不慎发生触碰时，无论原因如何，他们都会立刻相互道歉，以免被误解。在外国文化的影响下，虽然日本人现在也适应了握手，但是他们还是喜欢鞠躬，尤其是女性很少与人握手。与此相反，中国人对于身体距离似乎不是很敏感，时常见到有人勾肩搭背或手拉手走路、交谈的现象，还有人习惯拍拍打打、抚摸别人孩子的头部。这些亲密的体触表现，时常令日本人感到不可思议，无所适从。

三、日语教学中的文化导入

（一）日语课堂文化导入必要性

语言是人们非常重要的交流工具，也是学生学习语言的重要目的。日语学生的学习想要达到与日本人流畅地交流的程度，首先是必须掌握基础的词汇、语法等基础知识，其次是要不断进行口语训练。在口语训练之前，学生还必须了解必要的日本文化，这样才能在沟通中准确理解对方所表达的意思，避免文化差异导致的不便。

任何民族的语言都是其民族文化的一部分，体现了民族文化的内涵。日语也是具有悠久历史的语言，它的形成与日本的地理、人文环境有很大的关系，同时与汉语也有密切的联系。日语体现了日本人的交际观念、审美情趣等，因此，学生只有深入了解日本文化才能灵活掌握、运用日语。高校外语教学中有一个很重要的教学目标就是培养学生的跨文化交流能力，这里有两点，一是跨文化，二是交流。因此，学生在学习日语时还要重视对日本文化的学习与积累，这样更有助于日语交流。从文化方面来讲，学生学习日语的过程也是中日文化交流、碰撞的过程。当前，日语教师越来越重视引导学生了解日本文化，越来越多的教师选择在课堂上导入交际文化，这是日语教学中非常良好的现象。如果对日本文化认识不足很容易出现"文化干扰"和"文化错误"。

在日常交流中，具有相同母语和文化背景的人很少会出现交流不通畅的情况。但是，具有不同文化和社会背景的人们在沟通时不可避免地会出现语言理解上的错误和一些误会，这就是交流双方对对方的文化背景了解不深导致的。不同文化背景和语言的人进行交流时会不自觉地用自身的文化认知去判断对方的言谈举止，这就是文化干扰。文化干扰绝大多数情况出现在外语交流中，这是因为使用外语交流中的两个人往往是在不同的文化环境中成长起来的。简单来说，文化干扰就是人们在沟通时习惯使用自己本国的思维去理解对方的表述。在平时沟通中，我们要尽量避免文化干扰导致交流失败。文化干扰主要由三个方面原因导致：

（1）自身对外语掌握得不熟练；

（2）用本民族思维去理解对方；

（3）对对方民族文化理解不深。

例如，"你"或者"您"的日语书写方式为"あなた"，是我们日常交流中经常使用的用来指代或者表示对对方尊敬的词语，但是在日本人的交流中，这两个词一般在爱人之间使用。因此，学习日语前应当了解日语的表达习惯，避免出现误会。

文化干扰会导致交流双方无法正确理解对方的意思，进而导致在交流中产生错误，这里的错误指的就是"文化错误"。文化错误指的就是在日常交流中，虽然交流双方的语言表述不违背语法，但是由于交流双方对对方民族文化了解较少导致在语言理解上会出现错误，同时也会导致语言表达上的错误。比如，如果有名学生因为某件事想请老师写封举荐信，那么在语法上他可以这样说："推薦状を書いてくれることができますか"。这句话在语法上完全没有问题的，但是这是典型的中式日语，是"能给我写推荐信吗"这句话最直白的翻译。这样的表述显然没有考虑到日本本土文化。如果换做日本人来表述上面那句话，他们应该会说："推薦状を書いていただけませんか。"这种表述是符合日本人的表达习惯的。总之，造成文化错误的原因就是表述者习惯用本国语言标准去表述外语。

通过上面的分析可知，交流不是简单地将词汇在语法标准下进行组合，需要结合交流双方的文化背景、表达习惯等。交流时，交流双方还应当结合对方的表情、动作等理解对方所要表达的意思。语言与文化是一体的，文化是语言形成的基础，语言是文化的现实表达。在语言交流中，抛开文化去理解语言必然会造成语言理解不透彻。因此，在日语学习中，学生应当积极了解日本文化知识，在运用日语时能够从文化的角度考虑日语所表达的意思。教师在日语教学中，应当结合所教内容引入相应的日本文化，有助于提升教学质量，提高教学效率。

（二）日语课堂中文化导入的方法

教师在日语课堂中导入文化能够让学生更好地理解日语表述与汉语表述的不同，使学生在日语交流中有意识地考虑中日文化的不同，避免出现误会。同时，在日语课堂中导入文化也需要一定的技巧，教师应当掌握行之有效的导入方法。

1. 比较法

比较法能够形象地展示中日语言的异同，通过对比不同的词汇、句子，让学生更好地了解词语、句子中的文化内涵，从而找出交流中产生文化干扰的因素。比较法可以通过不同形式的比较来加深学生对文化的认识，具体来说有说明比较、道具比较和事例比较，其中，说明比较指的是教师要对具有典型文化特征的词语、句子等进行详细地分析，说明其文化内涵的不同；道具比较指的是教师在教学过程中可以采用一些辅助工具来比较中日文化的不同，如具有文化背景的图片、模型、服饰等；事例比较指的是教师要具有敏锐的文化目光，能够紧紧抓住一些文化事件，揭示事件背后的文化差异。另外，比较可以是多方面的，教师不但可以比较中日文化，也可以比较中西文化，进而让学生感受世界文化的多元化。

（1）说明比较

在中日文化中，有很多称呼的使用范围和使用习惯是不同的，这一点可以在教学中加以说明。比如，"おばさん"这个词汇是对"姑姑""姨妈""伯母"等的统称，但是在汉语中这几个词汇是截然不同的意思。另外，虽然"おばさん"在日语中也含有"阿姨"的意思，但是在日常交流中却很少使用，因为这里的"阿姨"经常用来形容比较爱絮叨的中年妇女。称呼只是说明比较的一种，还有很多需要说明比较的地方，这就需要教师善于总结、发现中日词语的不同。

（2）道具比较

在中国人的日常生活中，如果家里有人造访，那么主人开门后一般会说"请进"，代表对客人的欢迎、尊敬。但是在日本，如果客人到访，那么主人一般会说"请上"，这与日本独特的室内构造有很大的关系。这时，教师就可以通过图片或者模型展示日本的室内构造，比较中日房屋构造的不同，让学生更加直观地理解"请上"的原因。

（3）事例比较

日语中有个词汇是"はい"，这个词在日本人与西方人的交流中时常会被误解，这是因为很多西方人认为日本人说"はい"就代表了"yes"，并没有考虑词汇背后的意思。"はい"这个词在中文中一般有两种解释，第一种是表示"赞成、答应"，第二种解释是表示"我在听、听明白了"。不同地区的人们对日语的理解也有不同，教师可以选取与上述类似的具体事例来展示文化对语言理解的影响。

2. 解说法

日语教学中，教师经常需要根据词语所产生背景来具体分析词汇的含义，尤其是一些固定用语。比如，"天狗になる"这个词经常表示一个人"自负、傲慢、洋洋自得"，这时教师不但要解释"天狗"这个词汇的意思，还要对"天狗"这个词的派生词进行解释和分析，从而让学生全面了解这个固定用语的由来。这种对词语的解释和说明就是解说法。解说法也可以理解为对词语的注释，就像书中对某个词语的注释一样，只是这种注释不是文字上的，而是需要教师口头讲解。解说法一般是随着教学进度进行的，通过对不同的词语的解释进而加深学生对文化的理解，使学生在文化修养方面层层递进。

3. 展示法

展示法指的是教师在教学中可以营造良好的日语文化氛围，让学生能够直接感受到中日文化的差异。这样不但能够让学生学习知识，还能让学生体会文化内涵，增强对知识的理解。展示法在具体执行过程中可以采用不同的手段，比如可以让学生观看日语电影，也可以根据词汇的使用场景让学生扮演不同的角色进行表演。教师使用展示法教学时，应当积极调动学生的参与性，尽量让学生都能够参与进来，这样才能取得事半功倍的效果。

第二节 跨文化交际基本知识

一、交际与文化的关系

交际，无处不在，无时不在，只要有人类活动，交际就不可避免。交际发生在电话交谈中，发生在微信交流中；发生在闲谈寒暄时，发生在业务谈判时；发生在酒店里，发生在马路上，发生在办公室里；发生在亲朋好友之间，发生在同事客户之间，发生在竞争对手之间。交际是人类社会一切行为与活动的基础。

（一）交际的定义

中文"交际"一词出现得很早，《孟子·万章下》中有"敢问交际何心也？"这里的"交际"指的是往来应酬，朱熹《四书章句集注》云："交际，谓人以礼仪币帛相交接也。"《乐府诗集·唐祭太社乐章·肃和》中有"九域底平，两仪交际"的诗句，这里的"交际"指的是融合感通。由此可见，在中国的传统文化中，交际带有通过交往达到情感和谐的意义。

当今学术界，不同的学者从自己的研究领域出发，从不同的角度对交际做出了不同的定义，其中比较具有代表性的是"共享派"和"说服派"。"共享派"以亚历山大·戈德为代表，认为交际是无意识的，交际是一个信息共享的过程，就是使少数人享有的信息变成多数人共同享有的一个行为过程，目前这一学派的观点是学界的主流观点。"说服派"以美国实验心理学家卡尔·霍夫兰为代表，主张交际有意识论，认为交际是信息传递者通过所传递的信息对信息接收者产生影响的一个行为过程。两者的根本差异在于信息的发送者的行为是否是有意识的，在文化范畴下的交际可以理解为信息发送者和信息接收者之间信息共享的过程。

（二）语言交际和非语言交际

1. 语言交际

语言，是人类用来对外部世界进行关照、认知的重要工具和手段。人类进行自我思考反省，人类文化与文明的传承，以及人类之间开展交际活动，都需要由语言这一符号系统构建起的渠道和媒介来实现。语言交际指的是人们运用语言进行交流意见、情感、信息的过程，语言交际可以分为口头交际和书面语交际。语言交际由对象、目的和语境三个要素构成。

2. 非语言交际

非语言交际指的是使用除语言符号以外的各种符号系统，包括形体语言、副语言、空间利用以及沟通环境等进行交际。拉里·A.萨默瓦认为非语言交际是在一定环境中除语言因素以外的，对输出者或接收者含有信息价值的那些因素，这些因素既可以人为生成，也可以由环境造成。

对于非语言交际的分类，不同学者从不同角度出发形成多种分类方法，比较具有代表性的包括：鲁希和基斯的三分法，即将非语言交际分为手势语言、动作语言和客体语言；耐普的七分法，即将非语言交际分为身势动作和体语行为、身体特征、体触行为、副语言、近体距离、化妆用品和环境因素；康登的二十四分法，即将非语言交际分为手势、面部表情、姿势、服装发式、行走姿势、体距、体触、目光接触、建筑及室内设计、装饰用品、标示图、艺术及修饰形式、体型、气味、副语言、颜色象征、言语与动作配合、品味嗜好、气温适应、化妆用品、信号、时间观念、言语交际中的停顿、沉默等。

3. 语言交际与非语言交际的区别

语言交际与非语言交际所采用的方式存在差异。语言交际以词语符号为载体实现交际活动，包括口头交际和书面交际，由于电子设备的发展，有人又增加了电子交际一类。非语言交际使用除语言符号以外的各种符号系统，包括形体语言、副语言、空间利用以及交际环境等。

语言交际与非语言交际的作用机制是存在差异的。语言交际在词语发出时开始，它利用声音这个渠道传递信息，能对词语进行控制，是结构化的，并且是被正式教授的。非语言交际是不用言辞表达的、为社会所共知的人的属性或行动，这些属性和行动由发出者有目的地发出，由接收者有意识地接受并可能进行反馈。

语言交际和非语言交际共同组成了一个完整的交际架构，两者并非完全独立，在很多情况下，语言交际和非语言交际是同时出现、相互配合的。语言交际虽然可以较为快捷和直接地获取信息发出者的信息，但由于一些发出者的主观意图或客观原因，信息的接收者无法了解或者容易错误地理解发出者的信息。非语言交际的使用有助于接收者了解发出者言语背后的真正信息或者发出者无法表达的信息。

（三）交际的基本模式

1. 单向交际模式

所谓的单向交际模式指的是信息发出者向信息接收者发出信息后，信息的接收者没有就接收到的信息给信息发出者任何信息反馈。简言之，单向交际模式指的是一方以自己的意愿向对方发布信息，对方只需要被动接收，不必或不用做出任何反馈。单向的交际模式在上下级的关系中使用得比较普遍，比如，老师布置作业时或老板布置工作时使用的就是单向交际模式。单向交际模式的优点在于信息传递迅速，且传递量较大，其缺点在于信息接收方没有对收到的信息进行及时反馈，所以信息传递的效果不容易把握。

2. 双向交际模式

双向交际模式与单向交际模式相对，指信息发送者和接收者的位置不断变换，信息可以在发送者和接收者之间互相传播的交流模式，是建立在平等的沟通权与话语权基础上的信息交流。双向交际是一种相互影响、不断交流反馈的过程，参与交际过程的双方互为信息发出者和信息接收者。在正常情况下，人们是比较认同双向交际模式的，因为在双向交际模式中信息交流准确性较高，接收者有反馈意见的机会，会产生平等感和参与感，增加自信心和责任心，有助于建立双方的感情。但双向交际模式容易受到干扰，且传递的速度相对较慢，同时，因为要对接收的信息做出一定的反馈，所以无论信息发出者还是信息接收者都要承受一定的心理压力。

（四）交际能力

1. 交际能力的概念

关于"交际能力"，目前学术界比较认可的定义是：交际能力指不仅能使用语法规则来组成语法正确的句子，而且还要知道何时何地向何人使用这些句子。交际能力的概念最早是由美国社会语言学家戴尔·海姆斯针对乔姆斯基"语言能力"这一概念的缺陷而提出的，海姆斯认为乔姆斯基的带有浓厚"天赋原理"特征的语言能力理论抽出了语言的社会文化特点，舍弃了语言的交际功能。乔姆斯基将语言理论分为语言能力和语言运用两部分，但却只关注人内部世界的语言能力的情况，而将语言运用置于理论研究的边缘地位，忽视社会文化因素对人的语言能力的影响。海姆斯认为交际能力是人类社会交往过程中的一种语言知识及对这种语言知识的应用能力。也就是说，交际能力是在一定的语言环境中恰当地使用语言的能力，是在不同的场合、地点与不同的人进行成功交际的能力。简言之，人们在说话的时候不仅要符合语法，而且要得体。

2. 交际能力的构成

除乔姆斯基和海姆斯之外，随着对语言交际各方面因素的深入研究，不同的学者针对交际能力所涉及的内容提出了不同的观点。比较具有代表性的包括早期迈克尔·卡内尔和梅丽尔·斯魏恩提出的三项能力说，后期卡内尔改良后的四项能力说，冯·戴伊克的六项能力说，以及20世纪90年代莱尔·巴克曼提出的交际能力模式。

1980年，卡内尔和斯魏恩提出了由三项能力构成的语言交际能力模式，为交际能力模式的创新和发展奠定了重要基础。这三项能力包括：语法能力、社会语言能力和策略能力。语法能力包括词汇、形态学规则、句法学、句子语法语义学以及音系学的相关知识；社会语言能力指语言运用的社会文化规则和语篇规则知识；策略能力指的是在其他能力达不到交际要求时，交际者采取补救性措施的能力。卡内尔和斯魏恩理论的另一重要内容是：既然语言能力表现为交际能力，那么第二语言能力应表现为跨文化交际能力。

随着研究的不断深入，卡内尔对语言交际三项能力模式进行了修改和补充，并对交际能力进行了重新定义，即，"交际能力指的是在真实交际情景中运用这种知识进行交际的知识和技能"。1983 年，卡内尔将语言交际能力模式重新定义为由四项能力构成的模式，即语法能力、社会语言能力、语篇能力和策略能力。这一模式将原属于社会语言能力的语篇规则分离出来，单独形成"语篇能力"。所谓语篇能力是指能使作者将语法形式和意义结合起来，构成不同文体文本的能力。虽然语篇能力的含义没有发生太大的变化，但它被视作为一种独立的语言能力，突显了其在知识和技能上的重要性。

冯·戴伊克在卡内尔和斯魏恩语言交际能力模式理论的基础之上，提出了六项能力模式的理论，即由语法能力、社会语言能力、语篇能力、策略能力、社会文化能力和社会能力构成的模式。其中，前四项能力与卡内尔四项能力模式中的内容没有差别，只是增加了社会文化能力和社会能力两项。社会文化能力指的是每种语言都是以其独特的社会文化为语境的，外语学生应该了解目的语文化，才能更好地使用所学语言。社会能力指的是外语学生愿意而且能够在与他人交往时，态度积极、大方自信、善于解决一些社会问题。

20 世纪 90 年代，美国应用语言学家巴克曼借鉴并发展了海姆斯、卡内尔、斯魏恩、冯·戴伊克等人的研究成果，提出了新的交际能力理论模式。巴克曼认为语言交际能力就是把语言知识和语言作用的场景结合起来，创造并解释意义的能力。他将交际能力分成三个部分：语言能力、策略能力和生理心理机制。语言能力由组织能力和语用能力构成；策略能力包含评价策略、确定目标策略、制订计划策略和执行计划策略四个方面；生理心理机制指的是在实际完成语言这一物理现象时所涉及的神经或心理过程。

3. 交际能力的特征

海姆斯认为一个人潜在的交际能力包括语言知识能力和使用语言的能力，交际能力包含四个重要的参数，这四个参数相互作用，构成了一个整体。

语法性。语法性也被称为合法性或者可能性，是指某种语法是否在形式上可能，即能从语法、语音、词汇等语言系统本身的角度判别某种说法是否正确。

可行性。可行性指的是语言使用者个人心理方面的语言容量，比如个人的记忆力和认知能力。

得体性。得体性是指在交际中语言行为的表达是否得体，如对交际背景、目的、常规、参加者等因素的合理考虑。

实现性。实现性也叫作现实操作性，指的是言语行为能否发生。

根据海姆斯的观点，一个人的交际能力不仅包括语法知识和语言知识，还应包括心理、社会文化等方面的认识能力和判断能力。

著名的应用语言学家桑德拉·萨维依通过对韩礼德"功能语言学理论"的深入研究，在乔姆斯基、海姆斯等人的交际功能学的基础之上提出了自己对交际功能特征的看法。他认为交际能力是动态的而不是静态的概念，内容取决于共享同一符号体系的交际者所认同的意义；交际能力适用于绝大多数符号系统，不仅仅适用于书面沟通和口头沟通；交际能力是以特定语境为背景的，交际者能够根据情景和交际对象选择得体的语言和风格；语言能力和语言运用能力既存在区别又有密切的联系，语言能力只有通过语言运用能力才能表现出来；交际能力的高低不是绝对的，它取决于交际双方的合作。

二、跨文化交际与跨文化交际研究

当今经济全球化的进程正日益加速，围绕着经济的发展，国家、民族、地区之间在政治、文化、科技、贸易等方面的交往日益频繁，从而使得对跨文化交际的需求日益强烈。随着通信手段和交通工具的飞速发展，频繁的跨文化交际成为可能。不同的国家、民族有不同的历史渊源、社会习俗，因而形成了特定的文化背景，特定的文化背景又形成了不同的价值取向、思维方式、社会规范、语用规则，使得跨文化交际存在一定的障碍。

以上这些因素促使跨文化交际迅速发展成为一门新兴的学科，这一学科的出现满足了国际交往和人际交往的实际需要，从而促进了世界经济、文化、政治、科技、贸易等方面的交往与联系，减少了不同国家、民族、地区之间摩擦与冲突的可能性。

（一）跨文化交际的界定

20 世纪 60 年代，美国人类学家爱德华·霍尔在其著作《无声的语言》中，首先提出了跨文化交际的概念，他认为跨文化交际指的是不同文化群体成员间的人际交往。

世界范围内的交际可以分成五个阶段，即语言的产生、文字的使用、印刷技术的发明、近百年交通工具的进步和通信手段的迅速发展、跨文化交际。近二十年来的交际是以跨文化为特征的。

跨文化交际指本族语者与非本族语者之间的交际，也指任何在语言和文化背景方面有差异的人们之间的交际。简单地说，跨文化交际可以被定义为来自不同民族文化的人们之间的交流。跨文化交际包括跨种族交际、跨民族交际、同一主流文化内不同群体间的交际以及国际性的跨文化交际等。

（二）跨文化交际研究

1. 跨文化交际学的定义

不同文化间的交流已经存在了几千年，但是真正对不同文化间的交流进行理论化研究，并发展成为一门学科是 20 世纪 50 年代才开始的。跨文化交际学诞生于美国，是一门为了科学系统地研究跨文化交际现象，建立在普通交际学交际论的基础上，并与传播学、人类学、心理学、语言学、文化学以及社会学等相互交叉而发展起来的学科。跨文化交际学旨在研究跨文化交际这一动态多变过程的本质和规律，以及对这一过程产生影响的社会文化、风俗习惯、思维方式、价值取向等因素。

概括地讲，所谓跨文化交际学就是不同文化背景的人走到一起分享思想、感情和信息时所发生的一切。

2. 跨文化交际学在美国的发展

跨文化交际学之所以诞生在第二次世界大战后的美国，其原因是多方面的，涉及社会、经济、政治、国际关系、学术等多个领域。

从美国的发展史上看，美国一直是一个非常重要的移民目的地。来自欧洲、非洲、亚洲和南美洲的移民不断地涌入这片土地，从而造就了这个世界上最大的移民国家，随着这些移民一起到来的还有其各自的民族文化。众多文化的交织与碰撞，必然会导致交际上的碰撞，从而引起相关学者的关注，促使了跨文化交际研究的产生。

20 世纪 60 年代，以美国黑人运动为代表的民权运动蓬勃发展。美国不同族裔的民族意识逐渐觉醒，促进了美国社会多元化的空前发展，对种族关系和民族关系的处理成为美国社会和国内政治关注的重要问题，从而催生了对跨文化交际研究的需求。

第二次世界大战之后，美国在世界经济、政治、科技等方面的主导地位进一步增强，美国也更加频繁地参与国际事务。每年都会有大批的政府官员、学者、商人、士兵等穿梭于世界各地，将美国的道德标准、价值观念、行为模式、生活方式等带到各个地区，与当地原有的文化产生碰撞。同时，美国有着成熟而强大的文化产业，其文化产品随着通信技术、信息技术、互联网技术的蓬勃发展被传播到世界各地，这些产品所承载的美国文化元素也对其他国家的文化产生了强有力的冲击和影响，从一个侧面推动了跨文化交际研究在世界范围内的开展。

另外一个值得特别关注的因素是，美国学界在文化交际领域的研究上一直走在世界的前列。乔姆斯基、海姆斯、霍尔、卡内尔、朱迪丝·马丁、托马斯·那卡雅玛这些学者都是世界交际学领域的巨匠，他们的存在为跨文化交际研究在美国的诞生和快速发展创造了良好的学术环境，奠定了坚实的研究基础。

在上述学者中，爱德华·霍尔在跨文化交际研究领域更是举足轻重的，他在1959年出版的著作《无声的语言》中首次提出了"跨文化交际"这一概念。在随后的《神秘的维度》《超越文化》《生命之舞：时间的另一个维度》《空间关系学研究手册》等一系列著作中，他对身势语言相关理论、人际空间学、时间学等领域进行了深入的论述，为美国的跨文化交际研究的发展奠定了坚实基础，他本人也在学界拥有了"跨文化交际之父"的称呼。20世纪60—70年代，美国出现了大量的跨文化交际研究领域的学者，比如文化休克理论的代表人物卡尔沃罗·奥博格，文化适应模式理论的代表人物约翰·舒曼，跨文化调整理论的代表人物约翰·贝利和金荣渊以及罗伯特·奥利弗和卡里·多德等人。

20世纪七八十年代，跨文化交际研究和教育得到了进一步发展。1974年，学界在美国马里兰州建立"跨文化教育训练与研究学会"，美国的一些高校也相继开设了跨文化交际学方面的相关课程。1983年，不确定理论的代表人物威廉·古迪孔斯特出版了《跨文化交际理论：当前视角》，成为跨文化交际学作为一门独立学科的最终标志。同一时期研究跨文化交际学的重要著作还有萨默瓦和波特的《跨文化交际读本》、古迪孔斯特的《减弱不确定感》和金荣渊的《跨文化调试》。

3. 跨文化交际学在欧洲的发展

与美国跨文化交际研究蓬勃发展的情况有所不同，欧洲语言学界、人类学界、社会学界、传播学界对跨文化交际的研究起步相对较晚，并且专门进行跨文化交际研究的学者也比较少。英国是欧洲跨文化交际学发展相对较好的国家，其中比较具有代表性的学者是语言学家珍妮·托马斯，1983年她发表的《跨文化语用失误》一文，第一次从跨文化交际的角度阐释了用语失误的原因。

尽管欧洲在将跨文化交际学作为一门独立学科进行研究上尚显滞后，且对跨文化交际学的关注度并不是很高，但是欧洲学界，特别是英国学界，对跨文化交际方面的相关研究开展得较早，并取得了较大的学术成果，对跨文化交际研究产生了重要的影响。欧洲的跨文化交际研究的显著特点在于同语言学研究结合十分紧密，英国人类学家、功能理论创始人马林诺夫斯基的著作《科学文化理论》和文化批评家雷蒙·威廉姆斯的著作《关键词：有关社会与文化的词汇》，都从不同的角度对跨文化交际进行了研究，进而影响到世界范围内跨文化交际研究的发展。

4.跨文化交际学在中国的发展

中国对跨文化交际的研究起步比较晚，大致始于 20 世纪 80 年代早期。对于跨文化交际研究起步的标志，学界存在不同的看法，有人将 1982 年许国璋先生在《现代汉语》上发表 Culturally Loaded Words and English Language Teaching 一文视作跨文化交际学在中国的起步；有人认为 1983 年何道宽教授撰写的《介绍一门新兴学科——跨文化的交际》和《比较文化之我见》两篇文章引介了诞生于美国的跨文化交际学，应作为我国开始进行跨文化交际研究的标志。

此后的十多年间（1983—1994），跨文化交际研究在中国逐步发展，并且取得了一定的成就。这一时期大量国外跨文化交际研究的著作被翻译成了中文，比如，1988 年，上海文化出版社出版了爱德华·霍尔的《超越文化》（居延安等译），三联书店出版了鲁思·本尼迪克特的《文化模式》（王炜译）；1990 年，三联书店出版了萨默瓦的《跨文化传通》（陈南译）；1991 年，上海人民出版社出版了爱德华·霍尔的《无声的语言》（刘建荣译），重庆出版社出版了何道宽翻译的《超越文化》。同时期，国内从事跨文化交际研究的学者也相继出版了一些重要的著作和论文，其中比较有代表性的包括：邓炎昌、刘润清编写的《语言与文化——英汉语言文化对比》，顾嘉祖编写的《语言与文化》，胡文仲主编的《文化与交际》，王福祥、吴汉缨编写的《文化与语言论文集》等。北京外国语大学、云南大学、哈尔滨工业大学等少数大学开设了跨文化交际学的相关课程。

1995 年，第一届中国国际跨文化交际研讨会在哈尔滨工业大学召开，同时"中国跨文化交际研究会"成立，胡文仲当选会长。此后，中国的跨文化交际研究快速发展起来，涌现出一大批进行跨文化交际研究的学者和著作，其中在学界具有较大影响的著作有：关世杰的《跨文化交流学——提高涉外交流能力的学问》，林大津的《跨文化交际研究——与英美人交往指南》，贾玉新的《跨文化交际学》，胡文仲的《跨文化交际学概论》，高一虹的《语言文化差异的认识与超越》，林大津、谢朝群的《跨文化交际学：理论与实践》，许力生的《语言研究的跨文化视野》，戴晓东的《跨文化交际理论》等。

三、跨文化非语言交际

（一）非语言交际的定义

非语言交际指的是使用除语言符号以外的各种符号系统进行交际的方式，非语言交际的类型多种多样，包含一切以非口头和非书面的方式向信息接收者传递信息，并且使接收者有效接收信息的交际方式。非语言交际既可以作为单独传递信息、表达情感的方式，也可以作为对语言交际的补充，共同表达信息。

（二）非语言交际的分类

国内学界目前比较认可的是毕继万基于跨文化交际和第二语言教学提出的四分法，即将非语言交际分为体态语、副语言、客体语和环境语。

体态语又称态势语或身体语言，这一概念出自伯德惠斯特尔的《体语学导论》，是一种表达和交换信息的可视化符号系统，是人们在同外界进行感情交流、信息传达时，身体有意识或无意识做出的各种动作所传达的交际信息。简单地讲，当人体动作能够传递相关信息时，这些动作就有了语言的功能，就成了体态语。

副语言这一概念是 1958 年由乔治·伦纳德·特拉格（George Leonard Trager）提出的，对于副语言的界定有广义与狭义之分。狭义的副语言指的是超音段音位学中的韵律特征（如语调、重音等）、突发性特征（如说话时的笑声、哭泣声等）及次要发音（如圆唇化音、鼻化音等）。广义的副语言不仅包括上述的狭义副语言特征，而且包括一些非声特征，如面部表情、视觉接触、体态、手势、谈话时双方的距离等。非语言交际中的副语言一般指的是狭义的副语言，包括话语修饰、语言分割、声音特征、沉默等内容。

客体语，按照鲁希和基斯的观点，客体语包括物质和一切有意和无意的展示，例如，工具、机器、艺术品、建筑结构和人体及其衣着，甚至还包括文字。客体语言涉及的范围非常广泛，其表达的象征意义和作用也丰富精深，客体语和其他非语言符号一样，也是经过长期的历史积淀形成的，客体语在交际过程中所传导的信息受到人文素养、历史环境、民俗风情和宗教习俗等多方面因素的影响，对客体语的研究涉及人类学、历史学、宗教学、社会学、心理学、语言学等诸多学科。

环境语。从非语言交际的角度看，环境语中的环境指的不是人们居住的自然环境，而是一种文化所带来的生理和心理环境。环境语主要包括空间信息、时间信息、建筑设计与室内装修、声音、灯光、颜色、标识等，具有丰富的语用功能。同客体语相比，环境语的不同点是：通常环境语同个人结合得不是十分紧密，不易移动，更具有持久性。

（三）非语言交际的功能

非语言交际的重要性是由其自身的功能所决定的。非语言交际通常与语言交际结合进行，在不同的情况下起着不同的作用。根据胡文仲在《跨文化交际学概论》一书中的论述，非语言交际大致具有重复、补充、否定、调节、替代和强调等功能。

重复功能。这里的重复功能指的是非语言信息对语言信息的重复，即人们在进行交际活动的过程中，通常会在语言交际行为发生的同时做出一些非语言交际的行为，以加强信息的传递。比如，当我们说"是的"或者"可以"的时候，会做出点头的动作；我们说"不是"或者"不可以"的时候，会做出摇头的动作。

补充功能。补充功能指的是非语言交际能够在语言表达的基础上添加更多信息。一方面，非语言可以补充语言表达的信息内容；另一方面，非语言行为可以对语言行为起到修饰和描述作用。比如，当一个人说自己有点热的同时，一只手在不断地给自己扇风，手部的动作实际是在补充说明热的程度。

否定功能。有些时候非语言行为所传达的意义与语言表达的信息相悖，当非语言信息与语言信息不一致时，非语言信息显得更为真实。有研究表明，当一方的语言和非语言表达不一致时，另一方主要依赖非语言进行真实信息的判断。比如，当一个人一边儿打着呵欠，一边儿说节目很有意思的时候，所有人都可以判断出他的真实想法一定是节目很无聊。

调节功能。非语言行为经常是控制谈话流动的主要方式，人们在交谈时往往以眼神、手势、头部动作等非语言行为向他人表达自己要说话或已说完，或者鼓励对方继续发言，或者示意对方停止发言。比如，学生在课堂上回答了问题后，教师仍以期待的目光注视着学生，这一动作所传达的信息是"有没有要继续补充的？"

替代功能。在一些特殊的场合或者因为一些特定的原因，无法或者不适合使用语言进行交际的时候，非语言交际就成了人们传递信息、表达意义的重要渠道。比如，在一个十分寂静的阅览室，当一人想要大声说话时，图书管理员会将食指放在嘴唇上以示安静。很多情况下，一些非语言行为在某种程度上实现了语言交际行为无法达到的效果。

强调功能。非语言信息有时可以起到强调语言信息中的某些部分的作用。比如，一个人在发言时突然放慢语速，通常是为了表示接下来所要传达的信息十分重要。非语言交际通过其强调功能进行辅助性表达，达到强调信息中的特别之处的目的。

（四）语言交际与非语言交际的差异性

1.语言具有系统性，非语言缺乏系统性

相对于语言，非语言在复杂信息的传递上存在着一定的困难，并且信息的传递效果也相对模糊。这种差异产生的原因主要在于，任何语言，无论是口语表达，还是书面语表达，都受严格的语法规则的制约，其系统性的特征有助于具体、复杂、抽象、逻辑性强的信息的传达；而非语言方式没有类似规则的制约，所以也就缺乏传达复杂具体信息的保障。非语言方式的非系统性导致其复杂具体信息的传递往往要借助明确的语境，很多时候在交际过程中非语言方式承担的是对语言交际的辅助功能。

2.语言是后天习得的，部分非语言是天生的

语言能力的获取需要经过后天的学习，非语言的能力则存在与生俱来和后天习得两种情况。非语言中的某些手段，特别是一部分体态语或副语言，带有明显的本能性，比如：哭、笑、擦汗等等。还有一部分非语言手段需要后天的学习，比如交际过程中对客体语和环境语的使用。

3.语言具有差异性，部分非语言则是共同的

语言的形成带有很强的地域性和民族性，不同地区的语言或不同民族的语言带有明显的差异，这种差异造成了不同文化之间的交流困难。但是，在不同的文化中却存在着许多相似的非语言表达方式。喜、怒、哀、乐、害怕、仇恨、惊讶等基本表情，接受和拒绝的姿态，喜欢或讨厌的态度等，这些非语言手段都是全球人类所能理解并接受的，并且其表达形式都是大致相同的。

4.语言表达方式单一，非语言表达方式多样

无论是口语表达，还是书面语表达，其实都是词语按照一定规则的排列，手段相对单一，并带有明显的线性特征。非语言交际可以采取的方式十分丰富，说话的语气、面部的表情、身体的动作、时间、空间、物品的颜色、形状、体积、味道等都可以作为信息传递的有效手段，多种非语言交际手段还可以同时从不同角度传递出各种信息，具有很强的立体性特征。

（五）非语言交际的优点

语言交际和非语言交际是一个有机整体，共同组成了人们交际的主要方式。相较于语言交际及时性、明确性等特点，非语言交际拥有许多语言交际无法相比的优点。

非语言交际具有多样化的表达方式。语言交际的表达方式通常分为口语表达

和书面表达两种。非语言交际不但可以使用肢体语言、面部表情传递信息，也可以使用语音、语调等传递信息，甚至还可以通过人与人之间的体距、空间环境、服饰、体味等触觉、视觉、嗅觉形式表达所要传递的信息。

非语言交际表达的意思更为真实。在一些情况下，语言所表达的意思和表达者内心真实的意思并不是完全一致的，有的时候甚至是完全相反的。由于使用语言交际能够进行有目的的欺骗，所以人们将更多的信任放到非语言的暗示之上。尽管某些时候人们也能利用非语言交际的方式进行误导性暗示，但是大部分的非语言交际都是自然地流露，所以更具真实性。

非语言交际的持续性更强。语言的信号是以口里发声为始，以声音结束为止的。非语言交际不像语言交际那样，一切交际行为止于语言，相反，非语言交际在停顿、沉默时也传递着一定的信息，只要有人在你周围，交际就不算结束。

非语言交际的可操作性更强。语言交际的有效进行要取决于交际双方对声音编码的有效解释，当一方无法解释另一方的编码时，交际便中断。但很多情况下，不同的文化中存在着大量相同的或者类似的非语言交际方式，从而为信息的传递提供了另一种方式。

四、影响文化交际的因素

跨文化交际是不同文化背景的人互相分享思想、感情和信息时所发生的一切交流。经济、技术、政治、文化产业的全球化促使跨文化交际的发展成为社会进步的需求，随着现代交通工具和信息通讯方式的飞速发展、互联网的普及，人与人之间的交流已经打破了空间上的界线和时间上的阻隔，这为跨文化交际的发展提供了技术上的保障。在不同社会、文化以及不同地区的人们产生相互交往的强烈意愿的同时，诸多因素影响着跨文化交际的有效进行。这些因素中有一部分属于文化定势，还有一部分属于文化变量。跨文化交际中的文化定势指的是人们在跨文化交际研究或跨文化实际交往中对不同文化背景的民族和国家成员过于一般化的、过于简单化的信念或态度，或是一种简单化的认知方式；跨文化交际中的文化变量包括个人的价值观、思维方式、家庭观念、权利距离等诸多方面。

（一）思维模式

中国人往往特别重视直觉，注重认识过程中的经验和感觉；西方思维方式具有浓厚的实证、理性和思辨的色彩。中国人的思维方式尚合，崇尚中庸之道；西方思维方式崇尚立异，这实际上是突出思维方式中的创新性。中国传统的整体思维方式推崇"天人合一"的境界；西方则在一定意义下分离了思维与存在、主体和客体，产生了"主客二分"的思想。中国传统文化认知世界的动机和出发点在于对现实社会政治和伦理道德的关注；西方文化注重以实验为基础的逐层深入的逻辑分析方法，形成了科学认知型的思维方式。

在跨文化交际中，思维方式对信息编排有非常大的影响。思维方式的差异造成语言交际过程中遣词造句的不同风格，中国人的形象思维使得其为了使文章鲜明生动，多用比喻和浮华的辞藻；而西方则喜欢用意义明确的具体的词来表达。思维方式的不同造成语言交际中说话和行文布局的差异，中国传统思维方式注重直观经验，中国人交际时偏重归纳式的篇章结构；而在西方，演绎的模式成为语言交际过程中常见的结构。思维方式还对交际风格有很大的影响，中国人的思维模式偏向于整体思维型，因而语言交际时喜欢从整体谈到细节；而西方习惯对事物进行分析解剖，逐渐形成了分析性的思维模式，语言交际时也常常从具体或局部考虑，然后再谈及整体。

思维方式是沟通语言和文化的一座桥梁，语言及其背后的人类思维模式，是不同的社会文化的反映，因为语言同文化之间的关系紧密难分，语言是文化的一种表达形式，所以跨文化交际中所涉及的语言交际碰撞很大程度上是源于思维方式的差异。

（二）价值观

价值是在人的生存发展活动中形成的主体与客体之间的一种特定关系，价值实际是人的需要、意愿、目的在客体中的对象化。价值观是指人们头脑里形成的关于价值现象或价值关系的系统化的看法和观点。换言之，价值观是在特定文化中人们用来评价行为、事物以及从各种可能的目标中选择自己合意目标的准则。价值观通过人们的行为取向及对事物的评价、态度反映出来，决定人的自我认识，决定一个人的理想、信念、生活目标和追求方向，支配和调节一切社会行为，也影响跨文化交际过程中的态度和方式。

在看待人与自然的关系方面，中国传统文化强调人与自然的和谐统一；而西方强调人对自然的改造。在处理人与人之间的关系方面，中国传统文化突出集体意识，集体利益高于个人利益，个人要依附于集体而存在；西方价值观宣扬个人独立，认为个人既是价值的主体，又是实现价值的主体，当个人利益和集体利益发生冲突时，反对无原则地为了集体和他人的利益而牺牲个人利益。在主流价值实现的手段上，中国传统文化选择人治，通过德治、仁治和礼治的方法，上行下效，从而控制和管理社会；而西方法治观念源远流长，认为只有在法律的制约下，个人的人生价值才能得以实现，社会才能和谐有序地运转。在对隐私的观念上，中国的历史文化传统强调群体意识，群体隐私高于个人隐私，所以中国文化中的隐私往往是以集体隐私的形式出现；在崇尚个人主义取向的西方文化中，个人隐私权是合理的、合法的，人们保护隐私是为了更好地维持个性独立。

作为文化核心的价值观对文化的形成有着重大的作用，体现在人们社会生活的方方面面，因此语言交际也毫无例外处处体现着价值观的存在。跨文化交际过程中出现的种种障碍经常是由于受到了隐藏在深处的价值观的影响，对中西方不同价值观的有效洞察与解读往往有助于推动跨文化交际顺利开展，有助于避免文化碰撞的发生。

（三）文化定势

"文化定势"一词出现的时间相对较早，甚至早于"跨文化交际"一词，美国政治评论家沃尔特·李普曼（Walter Lippmann）1922 出版的《舆论》（Public Opinion）一书中最早使用了这个用语。文化定势在国内学界有时也被称为"文化定式"或"文化定型"，指的是一个群体对另一群体成员的过于一般化的、过于简单化的信念或态度，或是一种简单化的认知方式。常见的文化定势分类方法是将文化定势按对象分为"自定势"和"他定势"，前者是某群体关于自己的定势，后者则是关于其他群体的定势。

跨文化交际研究中所提到的文化定势是指人们在跨文化实际交往中对不同文化背景的民族和国家成员的笼统的、简单的看法。文化定势对于跨文化交际研究和跨文化交际活动的开展都有很大的影响，这种影响既有积极的，又有消极的。从积极的角度看，文化定势有利于缓解跨文化交际过程中由于焦虑与不确定心理所产生的不适。跨文化交际过程中当双方的行为模式和思维习惯都不同时，很多人会对交际采取回避或排斥的态度，从而阻碍有效的跨文化交流。文化定势在一定程度上可以起到导向作用，增强人们在跨文化交际中的勇气和信心，同时也能对跨文化交际中的行为结果进行预判，使交际者言行更谨慎，避免跨文化交际中的失误，从而推动跨文化交际的有效开展。从消极的角度看，文化定势忽略了交际者的个性特征，每个交际活动的参与者因自身的生理、心理、教育程度、成长环境的不同，从而形成了带有个性的交流方式，文化定势存在以偏概全的倾向，容易造成跨文化交际过程中的尴尬。文化定势是一种简单化的认知，所以往往会带有片面性的特征，而这种对其他民族或国家文化的片面化认知容易形成负面的文化定势。这种负面的文化定势发展到极端，容易产生文化上的歧视，从而无法使跨文化交际活动在理性的支配下开展。此外，文化是在不断发展变化的，一定历史时段的文化特征不能代表该群体在所有时期的文化特征。文化定势容易造成对特定文化的僵化认识，形成跨文化交际的错位，导致沟通和交际过程的不畅。

文化定势是跨文化交际中的一把双刃剑，既有积极影响又有消极影响。在跨文化交际过程中，既要加强对自身文化的理解，又要适度地了解对方文化，提高交际中对双方文化定势的认识。对有可能造成跨文化交际障碍的文化定势，应采取主动预测、主动避免、主动化解的方式加以解决。人既有共性又有个性，不同背景的文化更是如此，所以我们在跨文化交际的实践中要学会有效利用文化定势的积极功能，消解其负面的作用。

（四）时间信息

作为非言语交际的一个重要方面，时间具有其独特的交际功能，交际中的时间取向属于非语言交际的一部分。时间信息，也被称为时间观念，即在不同文化背景下，人们看待时间和使用时间的不同观念与态度。中国文化属于典型的过去时间取向，而西方文化属于典型的未来时间取向。这在文化交际中的一个体现是，中国人对"老"字的使用多带有尊敬的含义，经常会用"老张""老王"的称呼；而"old"这个词在英文中却通常表示"无用""过时"的含义，须慎用。西方文化视时间如直线延伸，单向飞逝，去而不返；中国文化则视时间如圆环旋转，冬去春来，周而复始。对于线形时间和环形时间的不同取向导致西方人在交际时对时间的描述注重精确性，而中国文化则存在大量的描述时间的模糊性词语，中西文化对时间的应用不同，西方文化是典型的单一时间制的代表，中国文化在时间应用上则倾向于多元时间制。西方人在交际上喜欢直截了当，讲究守约、守时；中国人在交际中一般则乐于寒暄，对于守约、守时的重视明显不够。

（五）高语境和低语境

高语境和低语境原本属于传播学概念，由爱德华·霍尔在1976年出版的《超越文化》一书中提出。高语境传播的绝大部分信息或存于物质语境中或内化在个人身上，而极少数则处在清晰的、被传递的编码信息中；低语境传播正好相反，即将大量信息置于清晰的编码中。也就是说，在文化交际活动中，如果要表达某种意义或事件，需要更多地依赖语境而不是语言的表达，则这种文化交际是高语境文化交际。反之，如果在文化交际中，某种意义的表达更加依赖于语言的表达，语境的作用相对较小，这种文化交际则被称为低语境文化交际。对每个国家来说，所谓高低语境文化并不是绝对的，而是相对的，指的是其占主导地位的主流文化。

在霍尔看来，中国属于高语境国家，而美国、英国、德国、瑞典等西方国家则属于低语境国家。在高语境文化交际中，语言信息的表达比较隐晦，暗码信息比较多，需要进行交际的双方借助丰富的语境来分析、捕捉信息。双方的表达风格相对含蓄，注重维护积极面子。在低语境文化交际中，语言信息的表达直接明了，明码信息较多，便于交际双方捕获真实信息和重点信息，偏重维护消极面子。

根据高低语境文化的交际特点对比可以发现，高语境文化更加适用于拥有相同或相似社会背景、历史传统、风俗习惯、思维模式、价值取向的交际双方，在信息传递的过程中，一方不需要过多地依靠语言表达，另一方能够较为容易地心领神会。而低语境文化则适用于在各方面有很大不同的交际双方，他们之间的信息的顺利传递必须借助直接明了的语言表达完成，含蓄、隐晦的表达往往使交际双方难以抓住对方表达的正确意义。随着全球化的进程加快，跨文化交际活动也愈加频繁，处于高低语境文化中的人们之间的交流日益增多，必然会放大和凸显因文化差异而带来的沟通障碍。不同语境文化的人需要在交际过程中充分考虑对方的文化背景，提高对文化差异的敏感度，形成多元文化意识，以实现跨文化交际的有效进行。

（六）语言表达

语言是人们交际时所用的任意的有声符号系统。语言是文化的一面镜子，而文化同样是语言的一面镜子。跨文化交际的过程实际上就是在不同文化背景下交际。双方以语言为媒介，由信息源—编码—信息传递—解码—反馈等环节所构成的一个双向信息交换的动态连续过程。语言对跨文化交际的影响实际上主要是由民族间的文化差异产生的，语言承载着一个民族的文化，它无时无刻不在影响着人们的交际行为，对目的文化内涵和表达方式的认知失误，往往会造成跨文化交际的不畅。

不同的民族、种族或国家往往使用不同的语言。以汉语和英语为例，两种语言分属汉藏语系和印欧语系，两者在词法、句法、篇章和修辞方面都有着很大的差异。汉语属于悟性语言，语言华丽烦冗，修辞手段丰富，句法结构松散、灵活，对语法的要求比较低，篇章结构突出意合，通过逻辑关系构建。英语属于理性语言，语言表达明确直接、规范严谨，词法、句法有着严格的运用规范，形合特点突出，句子内部的连接或句子间的连接采用句法手段或词汇手段。

词法、句法、篇章、修辞等方面影响着跨文化交际的有效进行，还有一些因素对跨文化交际，特别是跨文化口语交际，也产生了十分重要的影响，这些因素包括口音、语体和语速三个方面。同一文化圈中不同地域的人群往往有不同的口音。汉语除普通话之外，还存在各种方言，英语有英式英语、美式英语、澳大利亚英语、南非英语等，很多情况下对口音的辨识成为跨文化交际过程中的关键。语体指的是同一语言品种的使用者在不同场合中典型地使用该语言品种的变体。语体通常可以分为专业文体、正式文体、非正式文体、随意文体、亲密文体五类。使用不同语体表述同样的含义，表述效果往往会有很大的差异。除了口音和语体之外，说话速度也是造成跨文化交际障碍的一个重要因素，母语者的语速往往较快，从而使非母语者在捕获信息时比较困难。跨文化交际时，特别是在跨语种交际时，对语速的控制往往有利于跨文化交际的进行。

跨文化交际是指本族语者与非本族语者之间的交际，也指任何在语言和文化背景方面有差异的人们之间的交际。跨文化交际活动的有效进行受到多方面因素的影响，除以上提到的思维模式、价值观、文化定势、时间观念和高低语境、语言表达以外，还受到交际风格、非语言表达、社会规范等诸多因素的影响。交际风格指的是人们在传递和接收信息时喜欢或习惯采用的方式，交际风格的差异容易造成交际双方态度和信息传达的偏差。非语言表达指的是除语言表达以外的所有表达方式，其所涵盖的内容相当广泛，交际过程中 70% 的信息是由非语言形式传递的，无法正确捕获非语言方式所表达的信息往往会影响跨文化交际的效果。跨文化交际范围中的民族主义指的是无意识地用自己的文化标准来判断他人的言行，这种情况往往导致认知偏见的产生，造成对对方文化负面的评价，影响跨文化交际的进行。社会规范所涵盖的内容十分丰富，大致可以分为民俗、道德规范和法律三类，文化不同，民俗、道德规范和法律也会有差异。其中民俗和道德规范往往是内化的、不成文的，不同文化的人们在交往时很容易因风俗习惯和道德规范而产生碰撞，形成心理距离，从而较严重地影响跨文化交际的顺利完成。

第三节　日语教学与跨文化交际的融合

一、跨文化交际与外语教学

（一）外语教学中的文化教学

1. 文化教学的概念

外语教学从诞生之初就伴有文化因素，但当时的外语教学和文化教学的结合都属于无意识的教学行为。在外语教学中有意识地进行文化教育的历史相对较短，尽管各国文化教学在外语教学中的发展轨迹大体相同，但由于各个国家的教育体制和语言环境不尽相同，其外语教学往往呈现出不同的特点。

早期的外语教学的目标是培养学生的阅读能力和翻译能力，学习材料以外国的文学作品为主。随着外语教学的进一步推广与深入，通过文学作品所获取的异质文化信息已经远远无法满足学生的需求，人们对于其他国家和民族整体文化了解的渴望日益迫切，类似于"英美国家概况""西方文化史""东方文化史"等单独开设的文化课程成为文化教学的主要渠道。20 世纪 80 年代，交际法外语教学的兴起使文化教学的内容扩展到目的语文化中日常生活、学习和工作的各种情景所涉及的文化习俗和规范。直到 20 世纪 90 年代开始，随着全球化进程的提速，跨文化交际活动的日益频繁，学术界和教育界强烈认识到文化教学与外语教学的密切关系，对于文化教学的重视程度得到了大幅度提升。

丹麦语言教育学家凯伦·利桑佳（Karen Risager）在其著作《语言文化教育方法论》中论述了外语和文化教学结合的模式，即外国文化模式、跨文化模式、多文化模式和超文化模式。外国文化模式是一种流行于 20 世纪 80 年代以前的欧美国家的教育模式，外国文化模式是一种典型的单一文化教学模式，教学以目的语言及其相关的文化为主要内容，不涉及自身民族文化和异质文化之间的交际问题。这种教学模式曾长期占据外语教学模式的主流地位。20 世纪 80 年代以后，随着跨文化教育的飞速发展，跨文化模式逐渐成为主流的教学模式，相较于外国文化模式，跨文化模式强调自身民族文化与异质文化的联系，突出文化间的交流。多文化模式的侧重点与外国文化模式和跨文化模式不同，多文化模式突出的是同一社会或国家中不同文化群体的教学模式，重点关注社会中主流文化和亚文化之间的联系。超文化模式是近些年才兴起的一种文化教学模式，这种模式的出现主要是基于当今世界人员频繁流动，文化冲撞加剧的现实情况提出的，超文化模式主张以个人生活和跨文化交际的需要为出发点，采用第三种语言（中介语）和第三种文化身份进行语言和文化教学的模式。

2. 文化教学的发展现状

（1）美国语言文化教学发展

美国外语教学界对于语言文化教学的关注是随着跨文化交际学的诞生开始的，1972 年和 1988 年美国东北外语教学会议举行了两次以文化教学为主题的研讨会，两次会议对语言文化教学的发展都产生了重要的影响，特别是在 1988 年的会议上将"在课堂上将语言和文化进行兼并教学"作为了重要的讨论议题，为语言文化教学研究的发展设定了基调。

20 世纪 90 年代美国语言习得高级研究中心主办了多次以"文化为核心进行语言课程改革"为主题的研讨会，并承担了多项跨文化教学的研究项目，这对语言教学中的文化教学研究和推广产生了巨大的影响。这直接导致了美国教育部对全美外语教学大纲的修改，确立了文化教学在外语教学中的重要地位，推动了跨文化交际研究与跨文化外语教学在美国的开展。

（2）欧洲语言文化教学发展

欧洲的语言文化教学研究起步较晚于美国，由于欧洲对于语言学的研究有着悠久的传统，因此欧洲各国的语言文化教学的发展带有自身的特色。第二次世界大战后，欧洲的外语教学仍然将外语教学和文化教学进行分割，语言知识的讲授和语言技能的训练被作为教学重点，文化教学则被当作一门独立课程开设。这种将文化教学独立存在于语言教学之外的做法，直到 20 世纪 70 年代随着"交际法"教学模式在西欧外语教学中的兴起才得以改变。

随着欧洲一体化进程的加速和欧盟的不断扩容，欧洲各国的政府、教育界和相关学者都认识到了语言文化教育在增进各国之间相互了解、增强各国之间的相互信任、减少地区和民族冲突上的重要作用。从 20 世纪 80 年代开始欧洲进行了一系列大规模的语言教学改革和文化教学研究。许多欧洲国家开始重视在外语教学中与外语本身紧密相关的社会文化因素，将社会文化的内容通过其他科目加进语言课程。20 世纪 80 年代末到 90 年代中期，欧盟推出了"欧洲公民的语言学习计划"，该计划旨在提高外语学生的社会文化能力和跨文化交际能力。欧盟推出的一系列举措在一定程度上对欧洲各国的语言文化教育起到了引领作用，从 20 世纪 90 年代中后期开始，英国、意大利、西班牙、瑞士等国家相继通过文化教学研讨会、讲习班和实践研究等方式，促进文化教学思想理论在语言文化教学中的推广和应用。

（3）我国语言文化教学发展

相较于美国和欧洲的语言文化教学，我国的语言文化教学起步更晚，直到 20 世纪 80 年代，将文化教学融入外语教学的相关论述才逐渐出现在许国璋、何道宽、胡文仲等人所翻译或撰写的文章和著作中。王佐良出版的《欧洲文化入门》和许国璋出版的《英语文化读本》等教材，成为当时外语学生进行目的语文化学习的重要材料。

20 世纪 90 年代，我国的语言文化教学迎来了快速发展的阶段，这一时期我国外语教学界大量引入了国外跨文化交际学的相关理论成果，并开始尝试用新的外语教学法理论指导教学实践。邓炎昌、刘润清、顾嘉祖、胡文仲、高一虹等学者在语言教学和文化教学关系方面进行了大量的研究，对我国语言文化教学研究和实践方面的工作产生了很大的影响。在最新修订的《高等学校英语专业教学大纲》和《大学英语课程教学要求》中，在强调语言知识和语言应用能力的培养的同时，也提出了提升综合文化素养和跨文化交际能力的目标。尽管我国的教育主管部门和相关学者已经认识到文化教学是外语教学中不可缺少的组成部分，但我国的文化教学研究和实践仍处于起步阶段，远远落后于美国和欧洲国家，在如何构建符合我国国情的语言文化教学，如何将外语教学和文化教学有效融合，以及用何种理论指导语言文化教学等方面，仍然存在着许多问题亟待解决。

3. 外语教学中文化教学引入模式的构建

外语教学中文化教学引入模式主要包括三个部分：教学内容的构建、学习环境的构建、教学方法的构建。

（1）教学内容的构建

文化是一个耳熟能详的词语，但却很难给出一个既明确又能为人所普遍接受的定义。胡文仲教授将文化分成三个层次：第一层次是物质文化，它是经过人的主观意志加工改造过的；第二个层次是制度文化，主要包括政治及经济制度、法律、文艺作品、人际关系、习惯行为等；第三个层次是心理层次，或称观念文化，包括人的价值观念、思维方式、审美情趣、道德情操情趣、宗教感情信仰，也包括哲学、科学、文学艺术方面的成就和产品。

外语教学中文化教学引入模式所涉及的主要是后两个层次上的文化。各个国家、各个民族的经济生活、政治生活、历史背景、地缘环境，以及人种和民族特质等方面既有的差异性和多样性，决定了文化之间无法消弭的差异。这些文化上的差异造成了外语教学中的重重障碍，文化缺失、文化定势、文化误读、文化负迁移，这些对于跨文化交际产生严重影响的因素究其根源都是由自身民族文化与异质文化之间的差异造成的。文化教学引入模式下的教学内容构建实际指的就是对于文化知识的储备，这种知识的储备不仅仅局限于对于目的语文化知识的储备，同时也应包括对于自身民族文化知识的储备。这种对于相关文化知识的积累与储备既能为外语教学奠定坚实的基础，又能为外语教学树立正确的观念和态度，对外语教学的开展也提供了有力的保障。

（2）学习环境的构建

文化教学引入模式下对于学习环境的构建主要体现为在外语教学过程中对目的语文化学习情境和氛围的构建。

教师在进行文化教学的过程中，有目的地引入一定的目的语文化场景，既可以提升外语学生的兴趣和体验感，同时又可以增强学生的语用能力。这种对于目的语文化情景的构建既要做到尽可能的真实，也要考虑到学生的语言能力水平和实际交际需求。这种对于目的语文化学习情境和氛围的构建有助于提高学生跨文化交际的能力。当今对于目的语文化学习情境的构建早已冲破了课堂教学的束缚，随着信息技术和互联网技术的飞速发展，文化教学的环境无论从时间上还是空间上都得到了无限的延展。

在学习环境构建的过程中，根据建构主义的理念，外语教师在进行目的语文化引入教学实践时，应引导学生主动比较自身民族文化和目的语文化在文化内容上所反映的不同文化之间的性质、规律以及不同文化之间的内在联系，从而达到对两种文化更加深刻的理解。

（3）教学方法的构建

对于外语教学中文化教学的方法，不同的教育理论家和教学实践者从不同的角度提出多种教学方法，因为每种教学方法的出发点和目的性存在着差异，所以每种教学方法产生的结果也不尽相同。因此为了实现学生综合文化素质的提升，仅仅采用一种教学方法是不够的，外语教学中文化教学方法的构建实际上是一种复合型的综合体。经常用到的教学方法有以下几种：

文化对比教学法。文化对比教学法即通过对自身民族文化和目的语文化的比较进行学习，习得两种文化间的相同和差异之处。这种教学方法的提出是基于外语学生在学习过程中必然受到自身民族文化和目的语文化共同影响这一实际情况，当自身民族文化和目的语文化有共通之处时，通过建立文化对比教学，可以使学生对所学文化更容易适应；当二者间的语言及文化学习难度相对较高、差距较大时，借助文化对比教学，可以加深学生对目的语文化的了解及印象，在一定程度上减少不同文化间的碰撞。

文化保存教学法。所谓文化保存是指保持自身民族文化的生活方式和价值观念，抵御目的语文化的生活方式和价值观念的渗透与入侵。语言文化教学的目的不仅仅是实现目的语先进文化的引入，同时还要实现自身民族优秀文化的弘扬和有效传播。文化保存教学法有助于自身民族优秀文化的保护，培养学生在跨文化交际过程中理性、客观地看待自身民族文化，主动推广自身民族优秀文化，实现跨文化交际的平等进行。

文化适应教学法。文化适应是对一种新文化的适应过程，是对新文化的思想、信仰和感情系统及其交际系统的理解过程。通过对教学环境和教学氛围的营造，使受教育者尽可能地浸润在目的语的先进文化中，从而在熟悉、体验目的语文化的同时，减少文化差异所带来的不适。教学环境的布置、国际合作教学的深入开展、涉外交流活动的积极参与都可以实现这样的效果，都属于文化适应教学的手段。

文化阐释教学法。在众多的文化教学方法中，文化阐释教学法属于最为直接、也最为常用的一种方法。文化阐释教学法指的是在外语教学中教师对于教材中所涉及的文化背景内容进行直接地说明讲解。文化阐释教学法在涉及专有名词、典故、文化空缺等情况时，能够产生较好的教学效果。这种教学方法的优势在于能够快速、直接地使学生了解、掌握目的语文化中一些在自身民族文化中缺乏对应项的信息。

文化收集教学法。这种教学方法是一种基于建构主义理论的文化教学方法，强调的是学生自主进行目的语文化结构的搭建。学生在教师的组织和协助下，主动进行目的语文化信息和资料的收集、整理、判断和加工，通过与教师、其他学生和目的语者的交流，形成自身对于目的语文化的认知。在这过程中，教师应注意过程的监控与引导，当文化收集过程中出现方向性错误时，教师应进行及时的干预，确保教学过程的有效开展。

文化体验教学法。在语言文化教学的各种方法中，文化体验教学法属于最为直观性的教学方法。目前外语教学中的文化体验教学法常以海外研学、夏令营、冬令营的方式出现，将受教育者置于目的语社会，使受教育者尽可能地融入目的语文化，通过直观的感受去认知和理解目的语文化。尽管这种教学方法使得教学成本大幅度增加，但是所获得的信息往往是第一手的，教学效果也相对更加明显一些。

随着世界政治、经济、军事、教育等方面交流的日益深化，各国的政府、教育界和相关学者都认识到了外语教学中文化教育的重要性。语言文化教学无论对认识、理解、借鉴目的语先进文化，还是继承、弘扬和传播自身民族优秀文化都有着积极的现实意义。目的语文化的学习对于外语学习具有重要的促进作用，这已然成为外语教学界的普遍共识，从而推动了外语教学中跨文化交际课程的迅速发展。

（二）以跨文化交际能力培养为目标的外语教学模式的构建

1. 语言结构学习

对于学生运用外语语言结构能力的培养内容包含着以下几方面：学生运用外语结构能力的培养、学生正确运用词汇组句成文能力的培养以及学生根据语言环境运用目的语与他人进行交流能力的培养。在这一能力培养的过程中要正确处理好语言知识和语言运用的关系。对于语言知识的学习必须遵守认知的基本规律，词汇、语法、语音等基础知识教学是培养语言技能的基石，语言的技能即听、说、读、写的语言教学活动应以听和读作为语言输入活动，说和写作为语言的输出活动。

随着信息技术的进步和国际交往的发展，我国外语教学中对于目的语环境的构建方面尽管已经取得巨大的进步，但相较于西方发达国家的目的语环境构建仍然处于相对落后的局面，因此语言模拟教学的重要性就显得格外突出。

2. 交际能力训练

交际能力的概念最早是由美国社会语言学家戴尔·海姆斯针对乔姆斯基"语言能力"这一概念的缺陷提出的，对于交际能力结构所具有的基本要素，不同的学者有不同的观点。

早期有卡内尔和斯魏恩提出的三项能力说，后期有卡内尔改良后的四项能力说，以及冯·戴伊克的六项能力说，但无论哪一种学说都承认交际能力包括知识和技能两层面的内容。当今交际法凭借其特点与优势，也已成为外语教学领域的主流教学方法，对于学生交际能力的训练已经成为外语教学的重要组成部分。该教学法将教学重点投向了学生对语言的使用，认为交际才是语言的功能，而外语教学的目标就是培养和提高学生的交际能力。

现阶段，我国的外语学生在交际的过程中还普遍存在着的交际规则、交际模式知识欠缺和交际手段单一等问题，因此在外语教学中应该使学生对影响交际能力的各方面因素都有所了解，通过对不同文化的交际规则和交际方式进行对比，提升其交际技巧和能力，实现得体的外语交际。

3.跨文化意识培养

外语学生如果对目的语文化抱有开放性和积极的心态，愿意对其生活方式、历史、文化及社会知识进行深入的了解，会对语言的学习有很大帮助。反之，则会给外语学习带来极大的障碍。

基于跨文化交际的外语教学模式十分强调文化导入教育和跨文化意识的培养，这一教学模式要求构建一个开放式文化内容体系，鼓励学生接触不同的文化观点和价值观念，克服文化偏见、文化定势和民族中心主义带来的消极影响。

外语教学中对于跨文化意识的培养应包括以下几个内容：（1）强化外语学生的文化主体身份；（2）学生对自身民族文化中亚文化的认知；（3）学生对目的语文化的认识；（4）目的语语者对于外语学生所在文化的认识；（5）跨文化语言行为的解读；（6）使用母语对目的语文化进行讲解。在跨文化意识的培养过程中，外语教师应注重培养外语学生对语言与文化关系反思的习惯，以及自身民族文化与目的语文化之间关系反思的习惯。

对于跨文化交际能力的培养是外语教学发展的既定方向，将以满足实际需要为目的的、科学的、有效的教学模式引入外语教学，对于外语学生综合素质的提升具有重要的意义，尽管这一教学模式的效果还有待更多教学实践的检验，但其发展是符合语言教学发展规律的，其前景也必定是无限光明的。

二、日语教学中的跨文化交际

（一）高校日语教学过程中的跨文化交际问题

现代教育越来越关注人的全面发展，对人才培养的要求越来越高。日语教育也必须顺应教育发展的态势，努力培养综合型日语人才。这种综合性不但体现在学生具有丰富、扎实的基础知识，还体现在学生能够在不同文化中熟练运用日语。当前，社会发展飞速，人们的生活空间越来越像一个"地球村"，中日文化交流也越来越频繁，这就要求高校在培养日语人才时必须注重对学生跨文化交流能力的培养。对于日语学生来说，跨文化能力主要体现在两个方面，一是熟知中国本土文化，二是深入了解日本民族文化。我国的教育观念受应试教育的影响比较严重，往往以提高学生的考试分数为教学目标，这种观念影响着日语教学的创新发展。在传统日语教学中，教师往往以传授基础语言知识为主，通过增强学生的"听、说、读、写、译"能力来提高学生的学习成绩。这种教学模式培养出的日语学生往往在考试时能够取得很好的成绩，但是在具体应用、交流时却显得力不从心，这就是文化教育方面的缺失导致的。虽然日语教学中也有关于日本文化方面的课程，但总体教学时长不多，而且教学模式不够丰富。在日语等级方面，考试也比较注重分数，忽略对日本文化的考核，这导致很多学生的证书等级很高，却没有真正的跨文化交流能力。

传统日语教学模式中，语言同文化的割裂还体现在另外一个极其重要的层面——中国文化的习得，即必须培养学生的二元文化学习能力。日语教育中日本文化学习的重要性不言而喻，然而，要实现跨文化交际不但要"知彼"更要"知己"。日语的跨文化交际是携带着中日文化背景的中日国民关于知识、思维及情感等方面的交流。在实际的跨文化交际中，存在着诸多影响双方交流结果的因素。其中除了对语言目的国文化背景的了解外，对本国文化知识的通晓，及对两国文化差异的掌握也极其重要，即日语专业的学生是否能顺利开展跨文化交际，并不全部取决于学生的日语语言能力及对日本文化的了解。在深谙日本文化构成及日本人的行为方式的同时，通晓中国文化，理解两国世界观及价值观的差异，并能合理处理好这一文化差异，才能与日本友人顺利开展交流。跨文化交际需要遵守"求同存异"的原则，而对"同""异"的把握，要求高校日语人才培养过程中要加强日本文化的教学，同时也不能忽视对中国文化的习得和传承。而我国高校传统日语教育模式中，中国文化的教学相对缺失，加之伴随着日本文化的学习，日语专业学生普遍存在着中国传统文化认知单薄的问题。

（二）"课程思政"下高校日语教学的跨文化交际能力提升策略

1. 更新教学模式，加强文化课程设置

综上所述，跨文化能力的培养已经成为高校日语专业人才培养的重要使命。而语言与文化学习的脱轨，正是目前提高日语学生跨文化交际能力必须解决的问题。因此，更新教学模式，加强文化课程设置，从课程模式、教学资源、教学理念等诸多方面进行变革，加强学生的人文素养，培养其基于中日文化的认知及理解，形成能够驾驭所学语言文化知识，进行跨文化交际的能力，是当前高校培养应用型日语人才的核心目标。一是应在课程设置环节加入中国传统文化课程，于基础课程中加强日本文化导入，并加强引导和培养学生对中日两国文化、世界观、价值观异同的认知和理解，习得二元文化学习的能力。二是教师在授课素材选用方面，可以充分利用互联网时代的信息优势，通过各种网络资源和线上平台的补充，打破单一教材的知识局限，丰富学生学习中日文化及进行比较认知的多元途径。如此，既可以打破单纯的书本教学带来的枯燥学习体验，又可以根据学生对互联网的亲近和依赖建立起基于其兴趣爱好的多元素材学习体系，更为生动地将固定的课堂教学与灵活的网络学习相结合，提升学生的文化学习体验及共鸣。三是通过网络平台进行文化学习也可能存在着一定的文化理解误区和接受风险，教师应给予及时关注和引导。借助网络平台学习日本文化，也要注意素材的筛选，杜绝一些价值观扭曲的不良素材的影响。伴随着互联网的日益发展，日语及日本文化的学习素材在各大网络平台随处可见，自然是良莠不齐，有的甚至存在极为不客观，甚至价值观扭曲的素材。因此，高校学生欠缺思辨能力的问题要求日语教师在进行网络教学资源补充的同时，必须要加强正面引导和知识筛查，帮助学生在学习日本文化的同时树立正确三观，这也是高校日语人才培养的基本要求。

2. 加强中国文化习得，提升传统文化认知

我国高校日语专业的传统教学模式，突出了中国文化在课程设置及人才培养过程中的缺失问题。同时，由于日本文化的学习及渗透，更加使得学生对中国文化的了解趋于淡薄和疏远。而新时代下不断变换的世界格局和中日关系的变化，要求高校的日语教学必须打破这一桎梏。当前我党"大思政"战略下的"课程思政"也顺应了这一时代要求。因此。新时期的日语人才培养，必须于跨文化能力培养中加强中国文化的习得，尤其是对中国传统优秀文化的学习及理解，加强引导学生对社会主义核心价值观的了解和认同，突出培养其文化自觉和自信，帮助学生形成以日语为媒介向世界传递中国声音，增强中国与日本乃至世界各国交流与包容理解的多元能力。日语专业学生作为传承及创新中国文化的重要力量，承担着中日两国交流大任的基石角色，同时，也是对外传播中国优秀文化，输出中国故事的中坚力量。在当前多元文化融合的时代背景下，高校日语专业人才培养过程必须从"课程思政"的视角，加强中国传统文化的教学，培养日语专业学生的文化自觉，帮助其在了解中国文化与文明的基础上，形成中日跨文化交际中的文化思辨能力，树立文化自信，真正从基于理解两国文化异同的层面，形成跨文化能力，做好中国文化的传承及接班人。

3. 充分利用网络资源，丰富跨文化交际环境

跨文化交际环境单一是当前我国高校日语教育"跨文化能力"培养中的棘手问题。语言交流环境对于语言的学习非常重要。当前大部分高校日语教学中的"跨文化交际"实战仅发生在师生（中外教师与学生）之间，一些有日本留学生的学校，日语专业学生也可以与其结成学习伙伴展开跨文化交际。但相对来讲，交流的对象、频次相对受限。因此，要提升高校日语人才的跨文化能力必须充分借助网络平台，营造学生的跨文化交际良好环境，从而提升学生跨文化交际中的敏感

性及思辨能力。具体可通过鼓励学生通过网络平台和线上交流平台结交日语学习伙伴；借助网络平台，寻找相同兴趣爱好的日语学习伙伴；实地体验如日本餐饮、服装等方面的文化元素，并注意与中国相关元素的比较认知；鼓励学生利用节假日进入日企参观和实习，加深对日本企业文化的了解等。总之，借助互联网资源，通过一系列措施拓展日语专业学生跨文化交际环境，动态监测其跨文化交际效果，丰富其跨文化交际体验，帮助其不断提升跨文化能力，使之成为符合时代要求的应用型日语人才。

参考文献

[1] 伏泉. 新中国日语高等教育历史研究 [D]. 上海：上海外国语大学，2013.

[2] 于立华，杨帆. 认知语言学理论在高校日语教学中的应用 [J]. 产业与科技论坛，2021，20（06）：151-152.

[3] 李雪莲. 高校日语翻译教学中的问题与对策研究 [J]. 产业与科技论坛，2021，20（09）：148-149.

[4] 胡红娟. 浅议高职院校日语翻译素养 [J]. 江西电力职业技术学院学报，2021，34（02）：112-113+116.

[5] 刘昶. 日语教学在高校的文化导入研究 [J]. 湖北开放职业学院学报，2021，34（18）：127-129.

[6] 祁春花. 浅析日语翻译中的语言文化差异 [J]. 现代交际，2021（17）：102-104.

[7] 邓榕. OBE 理念下的基础日语教学改革探索 [J]. 产业与科技论坛，2021，20（23）：139-140.

[8] 张楠，高晓梅. 基于社会语言学视域探析网络流行语 [J]. 经济师，2021（12）：238-239.

[9] 徐婷婷. 浅谈日语教学与多媒体课件设计 [J]. 中等日语教育，2020（00）：88-93.

[10] 王萌. 探究体验式教学模式在高中日语教学中的应用 [J]. 中等日语教育，2020（00）：160-163.

[11] 黄丽. 情境教学法在大学日语教学中的运用 [J]. 智库时代，2019（52）：297-298.

[12] 方嫄. 高校日语教学中跨文化交际能力培养策略 [J]. 北京印刷学院学报，2019，27（12）：97-99.

[13] 范文娟. 高校日语教学中跨文化交际能力的培养策略 [J]. 中国多媒体与网络教学学报（上旬刊），2020（06）：116-118.

[14] 葛慧玲. 二语习得理论在国内日语教学中的应用 [J]. 大学教育，2020（07）：124-126.

[15] 张英淑. 跨文化教育在日语教学中的应用 [J]. 延边大学学报（社会科学版），2015, 48（06）：97-101.

[16] 陈钟善. 高校日语教学现状及建议措施探析 [J]. 课程教育研究，2019（32）：239-240.

[17] 牛冬娅，王欣荣. 高校日语教学中跨文化交际能力培养策略研究 [J]. 北京印刷学院学报，2017, 25（05）：47-49.

[18] 张燕. 跨文化教育在日语教学中的应用 [J]. 教育教学论坛，2018（06）：172-173.

[19] 刘贤. 近十年来的日语教学语法研究 [J]. 日语学习与研究，2018（01）：80-88.

[20] 李春雨. 日语学生多样化背景下的大学日语教学 [J]. 湖北函授大学学报，2018, 31（15）：142-143.

[21] 文旭，司卫国. 认知语言学：反思与展望 [J]. 中国社会科学评价，2018(03)：23-36+126.

[22] 牛保义. 认知语言学研究的现状与发展趋势 [J]. 现代外语，2018, 41（06）：852-863.

[23] 张杰. 任务型教学法在日语专业语法教学中的实验研究 [D]. 哈尔滨：哈尔滨理工大学，2014.

[24] 张文静. 基于大学日语教学的在线学习模式研究 [J]. 情报科学，2014, 32（05）：153-156.

[25] 魏在江. 认知语言学中的语境：定义与功能 [J]. 外国语（上海外国语大学学报），2016, 39（04）：39-46.

[26] 费晓东. 预测意识对日语听力理解影响研究 [J]. 日语学习与研究，2019(01)：69-76.

[27] 张天伟. 认知社会语言学前沿述评：趋势与特点 [J]. 外语教学，2019, 40（03）：26-31.

[28] 高欢欢. 高校日语语法教学现状与策略 [J]. 当代教育实践与教学研究，2019（18）：63-64.

[29] 苏金智，肖航. 语料库与社会语言学研究方法 [J]. 浙江大学学报（人文社会科学版），2012, 42（04）：87-95.

[30] 金晓彤，李苿. 日本文化产业发展路径分析 [J]. 现代日本经济，2013（04）：69-76.